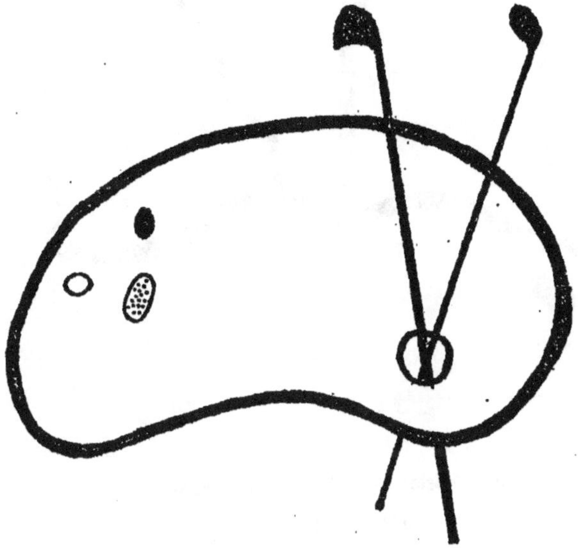

DEBUT D'UNE SERIE DE DOCUMENTS
EN COULEUR

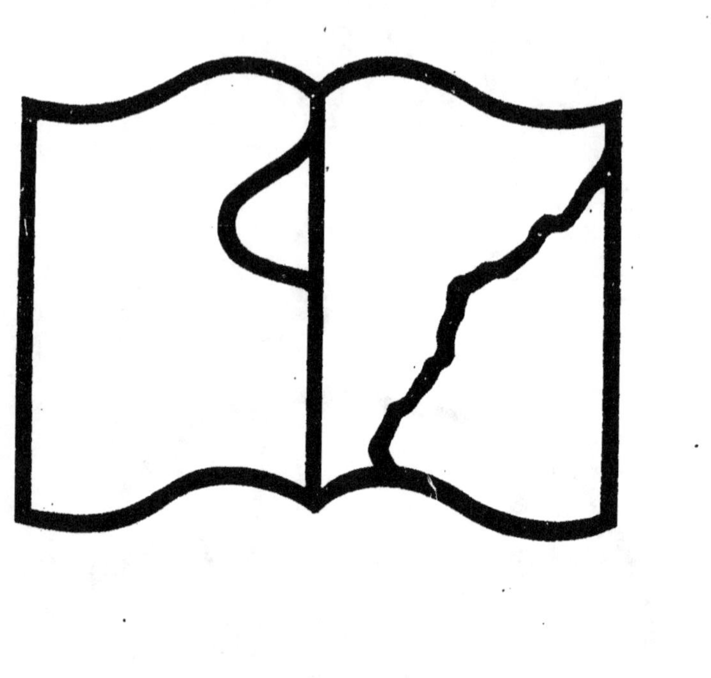

Texte détérioré — reliure défectueuse

NF Z 43-120-11

VALABLE POUR TOUT OU PARTIE D
DOCUMENT REPRODUIT

L'AU DELA

OU

LA VIE FUTURE

D'APRÈS LA SCIENCE ET LA FOI

PAR

M. l'abbé LAXENAIRE,

Docteur en théologie, en droit canonique
et de l'Académie de S. Thomas,
professeur de philosophie au Grand-Séminaire
de Saint-Dié.

PARIS
LIBRAIRIE BLOUD ET BARRAL
4, RUE MADAME ET RUE DE RENNES, 59
1897

SCIENCE ET RELIGION

NOUVELLES ÉTUDES PHILOSOPHIQUES, SCIENTIFIQUES ET RELIGIEU

Collection de vol. in-12 de 64 pages *compactes*

Prix : **0 fr. 60** le vol.

Depuis longtemps les ennemis de la religion ne cessent de faire rete
dans tous les organes dont ils disposent : livres, journaux, revues,
chures, ce qu'ils appellent les « RÉSULTATS CERTAINS DE LA SCIE
MODERNE » avec la conclusion clairement exprimée ou perfiden
sous-entendue qu'il y a DÉSACCORD entre ces *résultats* et les *affir*
tions de la Foi.

Nos savants catholiques n'ont pas manqué de répondre. L'ont-ils
jours fait de manière à rester facilement *accessibles à toutes les cla*
de lecteurs ?

De nombreux et volumineux ouvrages d'apologétique ont été publ
mais précisément la méthode apologétique et le mot lui-même ne son
pas dès l'abord suspects aux *incrédules* et même aux *indifférents ?*
l'examen de ces inconvénients est née l'idée d'une *collection* où les mê
vérités seraient exposées dans le même but, mais sous une forme
concise, plus claire, plus attractive, plus compréhensible pour t
quoique très particulièrement *scientifique.*

Notre Bibliothèque des *Nouvelles études* sera RELIGIEUSE : sur tou
points l'enseignement catholique est le phare dont nous suivrons la lumi
Mais elle sera en même temps et AVANT TOUT *une bibliothèque* PH
SOPHIQUE *et* SCIENTIFIQUE *destinée à faire connaître les princip*
manifestations de la pensée humaine dans la recherche de la vérit

Aussi ne s'interdira-t-elle pas l'exposé des solutions personnelles,
ginales. Elle comportera nombre de sujets qui n'intéressent que de
la foi ou lui sont même étrangers. *Par là elle contribuera,* nous l'e
rons, *à développer chez nos lecteurs l'esprit philosophique, les init*
et les habituera aux méthodes des sciences, aux procédés tout mo
nes de la critique historique ou de la philologie.

**Chacune de nos monographies aura pour but de faire c
naître, sur chaque sujet, l'état actuel précis de la questior
de donner le dernier mot de la science.**

Aux gens du monde loyaux et consciencieux trop souvent arrêtes pa

objections spécieuses comme devant d'inexplicables énigmes; aux jeunes
gens désireux d'approfondir la science de la foi ; aux conférenciers, prédi-
cateurs, professeurs astreints à des recherches longues et fatigantes; aux
prêtres toujours désireux de faire lire des ouvrages vraiment remar-
quables, intéressant la défense de la Religion, n'est-ce pas rendre service
de présenter, dans une série de TRAITÉS substantiels et suggestifs, les
principales vérités philosophiques, historiques et religieuses?

Ajoutons que la publication de notre Bibliothèque par opuscules vendus
séparément, *à un prix modique*, rendra facile à chacun la formation lente
et successive d'une précieuse encyclopédie *scientifique*.

Pour réaliser ce programme, d'éminents collaborateurs ont bien voulu
nous assurer leur concours. Parmi eux nous citerons : MM. GONDAL et
GUIBERT, professeurs à St-Sulpice, le R. P. de la BARRE, M. l'abbé PISANI,
professeurs à l'Institut catholique de Paris, le R. P. ORTOLAN, M. l'abbé
CONSTANT, (tous deux) lauréats de l'Institut catholique de Paris, M. l'abbé
THOMAS, vicaire général de Verdun, M. GUYOT, *auteur de la Raison
conduisant l'homme à la Foi*, M. G. FONSEGRIVE, G. ROMAIN, P. COUR-
BET, ancien élève de l'Ecole polytechnique, JEANNIARD DU DOT, etc.

Cette liste est destinée à s'allonger; bientôt s'y ajouteront, nous en
avons la promesse, les noms des personnes si autorisées qui, dès la première heure ont bien voulu accorder à notre projet les plus honorables et
les plus flatteurs encouragements.

En contribuant ainsi dans la mesure de nos forces à l'union de l'esprit
scientifique et de l'esprit de foi, nous répondons aux besoins de l'époque et
à la pensée du Pape Léon XIII dont la grande voix s'est si souvent élevée pour recommander aux catholiques de se servir des connaissances et
des méthodes scientifiques pour la défense de leur foi.

Voici une première liste des ouvrages parus ou à paraître incessamment:

— **Certitudes scientifiques et Certitudes philosophiques** par le
R. P. de la BARRE S. J. professeur à l'Institut catholique de Paris. **1 vol.**

— **L'Ame de l'homme** par J. GUIBERT prêtre de St.-Sulpice, professeur de sciences naturelles (maison d'Issy). **1 vol.**

— **Faut-il une religion ?** par M. l'abbé GUYOT, curé-doyen de Gé-
rardmer, docteur en théologie et en droit canon, ancien professeur de théologie. **1 vol.**

— *Du même auteur* : **Pourquoi y a-t-il des hommes qui ne pro-
fessent aucune religion ?** **1 vol.**

— **Etudes sur la Pluralité des mondes habités et le dogme de
l'Incarnation** par le R. P. ORTOLAN, docteur en théologie et en droit
canonique, lauréat de l'Institut catholique de Paris, membre de l'académie de Saint Raymond de Pennafort. **3 vol.**

I. — *L'Épanouissement de la vie organique à travers les plaines de
l'infini.* **1 vol.**
II. — *Soleils et terres célestes.* **1 vol.**
III. — *Les Humanités astrales, et l'Incarnation.* **1 vol.**
Chaque vol. se vend séparément.

— **L'Au-delà ou la Vie future d'après la foi et la science** p
M. l'abbé J. LAXENAIRE, docteur en théologie et en droit canon et
l'Académie de St Thomas d'Aquin, professeur au grand séminaire
St-Dié."   1 v

— **Le Mystère de l'Eucharistie.** — Aperçu scientifique p
M. l'abbé CONSTANT, docteur en théologie, lauréat de l'Institut catholiq
de Paris.   1 vo

— **L'Eglise catholique et les Protestants** par G. ROMAIN aute
de : *L'Eglise et la Liberté, Le Moyen Age fut-il une époque de ténèbre*
de servitude ?   1 vo

— **Mahomet et son œuvre** par I. L. GONDAL professeur d'éloquen
au séminaire Saint-Sulpice.   1 vo

— **Christianisme et Bouddhisme** (*Études orientales*) par M. l'ab
THOMAS, vicaire général de Verdun.   2 vo

L'ouvrage est divisé en deux parties dont aucune ne se vend sépar
ment.

Première partie : *Le Bouddhisme.*

Deuxième partie : *le Bouddhisme dans ses rapports avec le christia*
nisme. — *Ascétisme oriental et ascétisme chrétien.*

— **Où en est l'Hypnotisme,** son histoire, sa nature, et ses dange
par A. JEANNIARD DU DOT, auteur du *Spiritisme dévoilé.*   1 vo

— *Du même auteur :* **Où en est le Spiritisme,** sa nature et s
dangers.   1 vo

— **Nécessité scientifique de l'existence de Dieu,** par Pierr
COURBET, ancien élève de l'Ecole Polytechnique. — in-18 raisin
72 pages. — Prix, 0 fr. 60.

— *Du même auteur :* **Jésus-Christ,** in-18 raisin de 72 pages.
Prix, 0 fr. 60.

Ces deux derniers opuscules, parus il y a environ un an, sont édit
exceptionnellement dans le format in-18 raisin. Leur succès considérab
et si encourageant a déterminé la création définitive de la bibliothèq
des *Nouvelles Études.*

Dans le premier l'auteur expose, d'une manière brève mais très serré
les preuves les plus décisives de cette affirmation que l'existence de Die
est une vérité mathématique et le dernier mot de la science moderne
Dans le second, **Jésus-Christ,** M. P. Courbet continue son exposé ratio
nel et logique des fondements de la foi chrétienne. Après avoir démont
par des preuves uniquement scientifiques que Dieu existe, il en déduit q
Jésus-Christ est Dieu.

CITEAUX. — IMP. GUILLERMAIN.

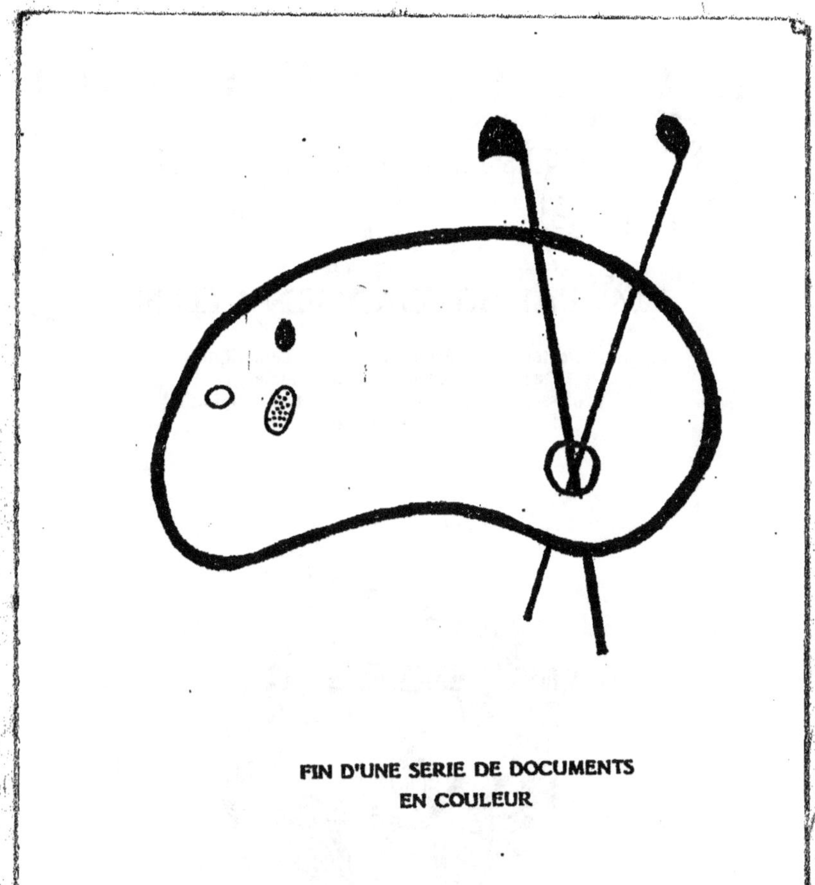

FIN D'UNE SERIE DE DOCUMENTS
EN COULEUR

SCIENCE ET RELIGION

Nouvelles Études

L'AU DELA

OU

LA VIE FUTURE

D'APRÈS LA SCIENCE ET LA FOI

PAR

M. l'abbé LAXENAIRE,

Docteur en théologie, en droit canonique
et de l'Académie de S. Thomas,
professeur de philosophie au Grand-Séminaire
de Saint-Dié.

LA QUESTION.

« De toutes les choses que tu ignores, quelle est celle que tu veux savoir avant toutes les autres ? — SI JE SUIS OU SI JE NE SUIS PAS IMMORTEL (1). »

C'est l'humanité entière qui parle ici par la bouche du génie.

Pendant longtemps, elle s'est désintéressée des questions scientifiques sur lesquelles notre siècle a fait la lumière. Mais à peine la pensée philosophique s'est-elle éveillée qu'on la voit se passionner en face des mystères de l'au delà.

C'est qu'en effet, il n'y a pas pour l'homme de plus tragique problème que celui-là : être ou n'être plus, retourner après une éphémère existence au néant d'où il est sorti, ou entrer par la mort dans l'immortalité.

Aussi, la génération contemporaine, excédée de scepticisme, regarde avec anxiété de l'autre côté de la vie, et la jeunesse surtout se reprend à lever les yeux vers un idéal extraterrestre.

*
* *

Au nom de l'expérience, certains philosophes proclament le néant de l'au delà.

« La science, dit Littré, n'a pu constater un fait de vie quelconque après la mort (2). »

(1) S. Augustin. *Soliloques*, 2º livre.
(2) Littré : *Conservation, Révolution et Positivisme*, p. 123.

Pour eux l'âme et la vie future sont des chimères, « *de vieux mots un peu lourds* », dit M. Renan ; au delà des phénomènes, de l'autre côté de la tombe, c'est l'inconnaissable, l'innommé, le néant !

Cet oracle de la science soi-disant expérimentale est-il infaillible ? Non. La philosophie chrétienne, s'appuyant à son tour sur le « bâton de l'expérience », n'a pas de peine à démontrer, à l'aide des faits les plus simples et des données les plus positives, que l'expérience impartialement consultée, témoigne en faveur de notre immortalité.

*
* *

D'après M. Brunetière, la « raison raisonnante » ne peut démontrer « *ni l'immortalité de l'âme ni l'existence de Dieu* (1). » M. Guizot, avec toute l'école, traditionaliste, prétend également qu'essayer d'établir l'existence d'une vie future, c'est en ébranler la certitude : l'au delà ne se démontre pas ; il se sent (2).

Nous ne nions pas que la pureté du cœur donne au regard plus de limpidité, et le néant fût toujours, comme on l'a dit, l'horizon des mauvaises consciences. Il faut aller au vrai avec toute son âme, et, au dire de Bossuet, les raisonnements qui ont un contre-coup sur la conduite, doivent « s'achever dans l'âme par une volonté droite. »

Mais ni la science ni la foi ne sont une œuvre de sentiment ou de « poésie religieuse. » A la base de l'ordre moral, il faut non des croyances aveugles, mais l'évidence scientifique, seule capable de faire la lumière et de produire des convictions.

(1) Brunetière. *Renaissance de l'idéalisme.*
(2) Guizot. *Immortalité de l'âme 1° Méditation* p. 101.

Nous espérons faire voir que la raison n'est pas vouée à une telle impuissance, et qu'elle peut démontrer l'immortalité de l'âme, en demandant ses preuves, non à l'esprit de parti ni à une vaine sophistique, mais à cette *perennis philosophia* dont parle Leibnitz, c'est-à-dire à quelques principes d'une triomphante et éternelle évidence dont la négation entraînerait l'immobilité absolue de la pensée humaine.

*
* *

S'il faut en croire M. Berthelot, « il n'y a pas deux sources de connaissance, l'une révélée, surgie des profondeurs de l'inconnaissable ; l'autre tirée de l'observation et de l'expérimentation (1). »

En d'autres termes, la pensée humaine n'a pas à s'occuper de ce qui dépasse les sens.

Heureusement le grand chimiste se réfute lui-même en avouant aussitôt après qu'il est obligé d'admettre certaines réalités, la chaleur, par exemple, quoiqu'il en ignore presque totalement la nature intime.

Malgré le positivisme qu'un auteur appelle sévèrement « une philosophie de contre-maîtres », il faut donc reconnaître qu'au delà des faits qui tombent sous les sens, il y a un monde de réalités supérieures.

Et à moins d'admettre que la pensée humaine, à peine capable d'embrasser un atome, est la mesure de la vérité dans sa plénitude, pourquoi refuser à la raison le droit de se mettre sous la conduite d'un guide plus sûr dont elle aura à l'avance scientifiquement examiné les titres ?

(1) *Science et morale* p. 6.

La foi n'est pas l'adversaire de la raison : elle n'en est que la maîtresse autorisée et l'auxiliaire toujours utile, quelquefois indispensable.

La philosophie éclaire jusqu'à l'évidence un côté du problème de la destinée humaine ; mais sa lumière trop indécise en laisse un autre dans la plus complète obscurité. Nous laisserons donc la révélation ajouter ses divines clartés aux lueurs de la raison et ouvrir à nos yeux un horizon plus large du côté de l'au delà.

Nous verrons ainsi les données surnaturelles s'ajuster admirablement aux besoins et aux tendances de la nature humaine, et aux harmonies merveilleuses qui éclatent ici comme partout entre la raison et la foi, nous reconnaîtrons qu'elles sont, l'une et l'autre, filles du même Dieu.

*\
* *

Tel est donc le but de ce modeste travail : réunir sur la grande question de *l'au delà* la lumière sortie de ce triple foyer, l'expérience, la raison et la révélation. Et si la conclusion ne s'impose pas avec l'inflexible rigueur des sciences mathématiques, nous espérons qu'elle jaillira du moins avec une évidence capable de lever tous les doutes et de faire contrepoids aux défaillances de la volonté.

Car si en face des preuves de notre immortalité, souvent l'esprit moderne hésite et recule, ce n'est pas faute de lumière : c'est par crainte des conséquences morales dont cette vérité le menace.

Mais l'homme qui fuit ainsi la vérité par peur de la vertu est justiciable de cette parole de Rousseau : « Mettez votre âme en état de désirer toujours qu'il y ait une vie future, et VOUS N'EN DOUTEREZ JAMAIS ! »

L'AU DELA ET L'HISTOIRE.

« Partout on croit à un monde autre que celui qui nous entoure, à une existence future qui attend une partie de notre être après la destruction du corps (1). »

Ainsi parle, après avoir parcouru les annales des peuples, un savant incontesté, M. de Quatrefages.

Au témoignage d'Hérodote, les Egyptiens ont enseigné les premiers que l'âme est immortelle. Après sa séparation du corps, elle paraît devant le Juge suprême qu'entourent 42 assesseurs ; les bons sont reçus dans la société d'Osiris et dans la suite s'absorbent en lui, et les méchants entrent dans le corps d'animaux immondes pour y subir leur peine.

Les Phéniciens croyaient à une justice d'outre-tombe rendue par les dieux aux *Alonims* ou âmes d'élite.

Les mages qui étaient chez les Chaldéens dépositaires de la sagesse, enseignaient la métempsycose : à chaque période de la vie des mondes, l'âme recommence une nouvelle existence chargée des responsabilités de la vie précédente.

La doctrine des Perses est contenue dans le Zend-Avesta et dans le Boundéhesh qui en est l'explication : au sortir de la vie, les justes sont accueillis par Ormuzd, le Dieu bon, et les coupables rejoignent Ahriman, le dieu mauvais. Mais le triomphe du mal n'est qu'éphémère : Ahriman sera vaincu et détruit,

(1) *Unité de l'espèce humaine*, ch. II.

et après une punition temporaire, les méchants par-
tageront le bonheur des justes.

On connaît le nirvâha indien : d'après le brahma-
nisme, à la suite de diverses réincarnations propor-
tionnées au mérite de chacun, l'âme se plonge dans
l'être absolu et y perd sa personnalité dans un sommeil éternel.

Telle est aussi à peu près la doctrine des King,
les livres les plus anciens de la littérature chinoise.

Plus pures et plus élevées étaient les croyances des
Gaulois ; les druides enseignaient expressément le
dogme de la vie future, et la principale condition
pour mériter le bonheur était de pratiquer la vertu
chère à nos pères, la bravoure.

Les Grecs et les Romains partagent la foi universelle. Platon dans les *Lois* et le *Phédon* insiste sur le
dogme de la rémunération future, et admet expressément l'éternité de l'enfer : « Ceux qui meurent
coupables de grands crimes tombent dans le Tartare
et n'en sortent jamais (1). » Malheureusement les
arguments qu'il apporte sont pour la plupart défec-
tueux et sa doctrine est entachée d'erreurs diverses,
telles que la préexistence des âmes.

La pensée d'Aristote sur la vie future n'est pas
nette. Cependant il regarde l'âme comme un principe
« divin et éternel, » qui ne vient pas de la matière,
mais « du dehors, » et par conséquent comme une
substance spirituelle ; et ainsi il pose des prémisses
dont la conclusion nécessaire est l'existence d'une
vie future (2).

Chez les Romains qui savaient merveilleusement
faire parler la pierre, la littérature des épitaphes

(1) *Phédon*, 113, 114. — *Gorgias*, 526, 528.
(2) *L'âme.* — *Métaphysique.*

est une des expressions les plus vivantes des croyances populaires ; or, rien de plus fréquent que la dédicace aux « dieux mânes, » ou aux mânes des défunts.

Cicéron (1), tout en mettant en doute les peines de l'autre vie, admet l'immortalité de l'âme ; ses raisons principales sont le contraste entre la nature de l'âme et celle du corps, le culte des morts, le respect des tombeaux, le désir de survie, etc. Ovide et Virgile ont rendu à la foi des anciens des témoignages célèbres.

> . . . . *Sedet œternumque sedebit*
> *Infelix Thesœus* (2).

D'après quelques rationalistes, les Hébreux auraient apporté une note discordante dans le concert des peuples ; l'idée de la vie future, d'abord étrangère à la religion mosaïque, aurait été bien tard empruntée par le peuple de Dieu aux savants de Babylone ou d'Alexandrie.

Il est vrai que la doctrine de la vie future n'est pas formulée dans l'Ancien Testament avec le même éclat que dans l'Evangile. La raison en est, d'après Bossuet et de Bonald, que le culte populaire des morts aurait pu donner lieu aux évocations et à l'idolâtrie, alors qu'une des principales missions du peuple hébreu était, malgré ses tendances grossières et le polythéisme régnant, de conserver intact le dogme de l'unité de Dieu.

Mais l'existence d'une vie future, de peines et de récompenses éternelles est expressément formulée en maints endroits de l'Ancien Testament, par exemple au livre de Job (3).

(1) *Songe de Scipion* et *Tusculanes*.
(2) *Enéide*, *VI*.
(3) Voir Henri Martin, *la Vie future*, ch. III.

La révélation chrétienne a mis ce dogme dans toute sa lumière. L'immortalité de l'âme, la séparation finale des bons et des méchants, la brièveté de la vie présente, les magnificences du ciel, les peines de l'enfer, dont Jésus menace jusqu'à 19 fois les coupables : toutes ces vérités sont rappelées presque à chacune des pages de ce livre divin qu'on a si bien appelé « l'Evangile de l'immortalité. »

Seul parmi les Pères de l'Eglise et les écrivains catholiques de quelque renom, Origène, tout en admettant la vie future, a contesté dans son livre des *Principes*, l'éternité des peines ; et plusieurs Conciles ont fixé pour toujours la formule du dogme : citons notamment le 2ᵉ Concile de Constantinople, le 4ᵉ de Latran, le 2ᵉ de Lyon et le Concile de Florence.

Aussi jusqu'au XVIIIᵉ siècle, la doctrine catholique fut généralement enseignée dans toute sa pureté. Cette unanimité fut à peine troublée au IXᵉ siècle par la doctrine métempsycosiste de Scot Erigène, au XIIᵉ par le panthéisme d'Averroès, et au XVIᵉ par l'athéisme de quelques tenants de la Renaissance.

Mais la raison séparée de la foi, sans être enchaînée dans son légitime essor, évite difficilement les écueils, et va souvent d'un excès à l'autre, du sensualisme le plus dégradant à un orgueilleux panthéisme.

On connaît les chefs principaux de l'école sensualiste qui, suivant le mot d'Aristote, font régner le corps et la brute à la place de l'homme : la spiritualité de l'âme une fois niée, il ne peut plus être question d'immortalité. A ce groupe se rattachent la plupart des modernes matérialistes : ainsi pour

Büchner, la destinée finale de l'homme se borne à préparer des phosphates, et, pour les frères de Goncourt, au dire de M. Paul Bourget, « la vie se réduit presque à une série d'attaques d'épilepsie entre deux néants (1). »

L'école panthéiste admet une certaine immortalité, mais c'est l'immortalité de la raison générale plutôt que de l'âme individuelle. Kant en fut le précurseur ; pour lui l'âme n'est que l'idée de l'unité de la pensée sous la diversité des phénomènes ; aussi la raison spéculative ne peut démontrer ni l'existence, ni l'immortalité du « noumène » âme ; mais comme cette vérité est nécessaire pour la direction de la vie, on doit l'admettre au nom de la raison pratique.

Pour Fichte, Schelling et Hegel, une seule chose est immortelle, l'idée, non pas dans les individus qui passent, mais dans l'espèce ou forme idéale qui est commune à tous et leur survit.

Renan, Auguste Comte, Taine conçoivent de même la vie éternelle comme une vie idéale à laquelle nous nous élevons par la pensée et qui consistera dans le souvenir qui restera de nous à la disparition de notre personnalité.

Signalons encore la métempsycose qui a fait en notre siècle de nombreuses dupes avec ses différentes épurations des âmes dans une immortalité, terrestre suivant les uns et sidérale pour les autres.

*
* *

La vraie pensée de l'humanité sur sa destinée future s'est manifestée encore par le culte des morts sous ses formes si variées et par les monuments

(1) *Nouveaux essais de Psychologie contemporaine.*

luxueux ou modestes qu'elle a toujours et partout élevés aux défunts.

Sans doute dans les coutumes comme dans les doctrines, il y a des absurdités et des extravagances ; mais il y a aussi un fond de vérités qui se retrouve partout le même.

A part quelques exceptions dont les passions sont presque l'unique secret, l'humanité dans son ensemble attend une vie d'outre-tombe.

D'où vient cette croyance générale ? Il y a chez les hommes une infinie variété de caractère, d'aptitudes, de mœurs, de coutumes, de préjugés, d'éducation : comment donc expliquer cette foi universelle à l'au delà ?

Elle n'est pas un produit de l'expérience sensible ; car toute vie semble s'éteindre dans le duel terrible qui se déroule sous nos yeux entre la vie et la mort ;

Elle n'est pas le fruit de la science et de l'étude ; car elle précède toute réflexion philosophique ;

Elle n'est pas l'œuvre d'un gouvernement ou d'une puissance quelconque : ceux que les anciens vouaient aux châtiments de la vie future étaient des rois comme Sisyphe, Tantale, Ixion ;

Elle n'est pas une invention de telle ou telle secte religieuse ; car la pensée de l'au delà pénètre toutes les religions ;

On ne peut davantage l'attribuer aux passions humaines, puisqu'elle en est le châtiment, ni à l'ignorance, puisqu'elle survit chez les peuples les plus civilisés et que, d'après une loi de l'histoire, un peuple est d'autant plus grand que sa foi à l'immortalité est plus ferme et plus pure.

On n'a trouvé à ce fait que deux causes.

D'abord il est certain que chez tous les peuples, c'est la religion qui a donné naissance à la philosophie.

L'homme a été d'abord religieux, puis philosophe, et la source première des croyances qu'il a professées sur Dieu et sur sa destinée a été une révélation initiale, évidemment infaillible comme Dieu lui-même.

Que si malgré le témoignage de l'histoire, on se refuse à admettre ce fait de la révélation, il faut bien voir dans cette profession de foi universelle le cri spontané et l'instinct irrésistible de la nature humaine : *Omni in re*, dit Cicéron, *consensio omnium gentium lex naturæ putanda est.*

Car, au milieu de tant de traits distinctifs, une seule chose est commune à tous les hommes, leur nature avec les lois essentielles qui la régissent.

Et aucune de ces lois naturelles n'existe en vain : toutes répondent à un besoin et sont conformes à la réalité : *natura non mentitur.* Quand, par exemple, l'instinct des oiseaux les conduit vers des climats lointains ou leur donne un mystérieux pressentiment de l'avenir, il a sa raison d'être et ne les trompe pas.

Ainsi en est-il de cette loi qui s'impose à tous les hommes et les pousse invinciblement à espérer après la mort un lendemain immortel.

Donc, le genre humain l'atteste : il y a un au delà.

A telle ou telle heure de son histoire il s'est fait de la vie future une idée conforme à ses erreurs ou à ses passions ; mais sur le fond même de la question l'affirmation est unanime et constante : de tous les jours du temps et de tous les points de l'espace monte une profession de foi à l'immortalité.

L'AU DELA ET L'AME HUMAINE.

Le positivisme contemporain prétend que « l'homme ne peut rien savoir de la nature de son âme (1). »

Pour démontrer le mouvement, le philosophe antique marchait : essayons de soulever un coin du voile qui cache à nos yeux la nature et les destinées de notre âme.

Et d'abord, l'âme humaine n'est pas un corps ; elle n'est pas comme les corps divisible et composée ; elle est simple et sans parties, et par conséquent distincte de la matière.

Deux preuves entre mille vont établir cette vérité.

La conscience affirme hautement l'identité du *moi* aux différents âges de la vie. C'est *moi* qui fus jeune et qui ai vieilli, qui ai accompli autrefois des actes dont je porte la responsabilité. Le souvenir, témoin ordinaire de cette identité, proclame la persistance immuable de la réalité profonde et substantielle qui dit *je* et qui s'appelle le *moi*.

Et pourtant le corps se renouvelle sans cesse ; on connaît les fameuses expériences de Flourens, établissant que toutes les parties du corps, même les os, se transforment perpétuellement (2). D'après le matérialiste Moleschott, « il faut trente jours pour donner au corps une composition nouvelle » (3), et non

(1) Ribot. *Psychologie anglaise contemporaine.*
(2) *De la vie et de l'intelligence*, p. 16.
(3) *Circulation de la vie*, t. I, p. 150.

pas sept ans comme on le croyait vulgairement.

La conclusion s'impose : le moi est immuable, tandis que le corps change ; il y a donc en nous une force distincte de la matière, « qui vit au milieu d'elle et la gouverne, » et qui après avoir dressé suivant « une idée directrice » la majestueuse architecture du corps, en renouvelle sans cesse toutes les parties.

Ensuite, il n'y a rien de commun entre les actes de l'âme et les qualités de l'étendue. Qu'est-ce que la moitié d'un sentiment, le tiers d'une pensée, une « tranche d'idées ? » On nous dit que la pensée est un mouvement ou un déplacement de molécules : y a-t-il donc aussi des pensées rectilignes, des sentiments circulaires, des phénomènes psychologiques ronds ou carrés ?

Non, l'âme n'est pas « l'ensemble des fonctions du cerveau et de la moelle épinière. »

Le dernier mot de la science sur ce sujet a été dit, il y a quelques mois, dans une Conférence faite par un savant estimé, M. A. Gauthier, professeur de l'Ecole de médecine, membre de l'Académie des Sciences. Voici sa conclusion : « C'est une SCIENCE AU REBOURS celle qui ose assurer que seule la matière existe et que seules ses lois gouvernent le monde (1). »

Il suit de là que l'âme, étant indivisible, ne peut périr par décomposition ; comme elle est sans parties, elle ne peut se *rompre*, suivant la force du mot *corruptio*.

Aussi saint Thomas (2) conclut-il en son énergique et sobre langage : « La première et essen-

____

(1) *Revue générale des Sciences*, N° du 15 avril 1897.
(2) *Somme théologique*, 1. p. q. 75, a. 6.

tielle propriété de l'âme est d'être ; et cet être, elle ne peut le perdre que si elle se séparait d'elle-même, ce qui est impossible. »

* *
*

Mais cela suffit-il pour assurer à l'âme l'immortalité ?

Non : l'âme des animaux est simple aussi bien que l'âme humaine et nul n'a osé lui attribuer sérieusement une survivance quelconque.

Que dis-je ? tout principe d'activité est simple et immatériel ; et pourtant nous voyons toutes les forces se modifier et, en se transformant, disparaître.

C'est ici que les principes cartésiens nous semblent gravement en défaut. Comme le fait observer judicieusement un des maîtres actuels de l'Université (1), « est-il bien vrai que la mort ne soit qu'une dissolution de parties ? »

Descartes et la plupart de ses disciples ont confondu deux choses bien distinctes : la simplicité et la spiritualité.

La simplicité n'est que la négation des parties, l'indivision et l'indivisibilité ; la spiritualité est quelque chose de plus : c'est, dit très bien le P. Coconnier après S. Thomas, « *le pouvoir d'exister indépendamment et même en dehors de la matière* (2). »

Tant qu'on n'aura pas démontré que l'âme humaine jouit de cette seconde et sublime propriété, on n'aura donné de son immortalité qu'une preuve initiale, et partant insuffisante.

Si, en effet, l'âme ne peut périr par décomposition,

______

(1) M. Charles, *Eléments de philosophie.* T. II, Immortalité.
(2) *L'âme humaine*, par le R. P. Coconnier.

n'est-il pas à craindre qu'elle ne subisse le sort du corps auquel elle est jointe et qu'elle ne disparaisse avec lui ?

*
* *

Fidèles à la méthode expérimentale, nous ne prendrons pour point de départ dans cette nouvelle démonstration que des faits certains et précis. Nous ne voyons pas l'âme en elle-même, mais elle se trahit et se révèle par ses œuvres.

Or, quelle est la matière la plus fréquente de nos pensées et de nos désirs ? C'est le vrai, le bien, le beau, la morale, le devoir, le droit, la vertu, la loi, le juste, l'absolu.

Même dans les choses matérielles, c'est l'universel, l'abstrait, le nécessaire, « ce je ne sais quoi plus foncier, » dit Bossuet, que nous percevons, par exemple les notions d'être, de fini, de genre, de substance, de causalité, etc.

Sont-ce là des êtres à trois dimensions, ayant un poids et un volume, dont on puisse enlever la moitié ou le tiers ? Quel est le sens, œil ou toucher, qui puisse atteindre ce monde immatériel ?

N'est-il pas évident que ces nobles réalités, étant absolument dépourvues de toutes qualités sensibles, telles que le son et la couleur, sont tout à fait inaccessibles à un organe corporel ?

Et donc l'acte par lequel nous les percevons et les désirons est dégagé de la matière et la dépasse : il est transcendant et spirituel.

Mais, disaient les anciens, *operari sequitur esse ;* la manière d'agir est proportionnée à la manière d'être, l'acte est le reflet fidèle du principe dont il émane :

ce n'est là qu'une simple application du principe de causalité, et les Matérialistes eux-mêmes ne la contestent pas : « La théorie positive, dit Büchner, est forcée de convenir que l'effet doit répondre à la cause (1). »

Il en résulte donc que l'âme humaine, dépassant l'ordre sensible, a une vie propre qu'elle tient de sa nature même.

Ce n'est pas la matière qui la fait vivre, son être ne lui vient pas de son union avec le corps : pourquoi donc périrait-elle avec lui ? « Un être, dit Fénelon, qui n'est nullement la cause de l'existence de l'autre, ne peut être la cause de son anéantissement (2). »

Ainsi apparaît la différence entre l'âme de l'homme et celle de l'animal : celle-ci ne faisant rien que par les sens et avec les sens, ne survit pas à l'effondrement du corps. Comment, disait déjà Aristote, la puissance de marcher existerait-elle sans les jambes (3) ?

L'âme humaine, au contraire, suivant la grandiose image de Dante, n'est pas noyée dans la matière, elle émerge par son sommet, comme le nageur au-dessus de l'eau. Elle est d'autant plus capable, dit S. Thomas, de saisir les plus hautes vérités, qu'elle se tient plus à l'écart des choses corporelles. Même à l'état d'union avec le corps, elle semble se retirer quelquefois en elle-même pour mieux jouir de la vérité ; et quand les sens s'émoussent ou se ferment, l'intelligence du savant ou du saint se plonge dans l'extase

(1) *Matière et force*, p. 218.

(2) *Lettres sur la Métaphysique et la Religion*. Lettre II, ch. 2.

(3) *De generatione*. L. II, ch. 3.

et les grandes âmes jettent à travers les ruines du corps des lueurs extraordinaires.

D'ailleurs la thèse matérialiste est abandonnée par la plupart des physiologistes et des cliniciens qui en étaient jadis les principaux défenseurs. Ils ont exploré la surface du cerveau dans tous les sens et ils n'y ont trouvé que des centres sensitifs et moteurs : il n'y reste aucune place pour localiser l'intelligence. Si donc l'âme ne peut penser sans image, c'est que le cerveau est la condition indispensable de la pensée : il n'en saurait être la cause.

*
* *

Que conclure de ces faits ?

Ou bien l'observation et l'expérience sont impuissantes et stériles, et alors à quoi aboutit la méthode qualifiée de positive et de scientifique ? Ou bien elles ont l'importance qu'on leur attribue, et alors il faut reconnaître dans l'homme un principe indépendant de la matière, une réalité transcendante et spirituelle.

Quand le naturaliste a sous les yeux quelques organes d'un animal ou d'une plante, il en déduit hardiment la nature de ses fonctions et de sa vie, et reconstitue l'organisme tout entier.

Regardez les opérations de l'âme : elles attestent sa simplicité et sa spiritualité. Mais sa nature trahit sa destinée, ce qu'elle est nous montre ce qu'elle sera ; indépendante des transformations de la matière, elle porte ses titres à l'immortalité gravés dans son immuable et spirituelle essence : sa raison d'être n'est pas dans son union avec le corps, bien qu'elle forme avec lui un « *tout naturel,* » elle est plus haut.

L'âme est immortelle, non par faveur ou privilège, mais parce qu'elle **a** en elle-même, comme dit

Bossuet, « les PRINCIPES D'UNE CONSISTANCE IMMU-
ABLE (1). »

Si donc la science armée de la balance de préci-
sion, prouve la perpétuité du plus petit atome de
matière, la philosophie démontre à l'aide de l'expérience et du raisonnement la suprématie de l'âme
sur la matière et sa destinée future.

*
* *

Est-il besoin d'ajouter que la survivance de l'âme
ne ressemblera en rien à l'oisiveté ou à l'inertie ?

Etre, même au degré le plus infime, c'est agir ;
toute substance est douée d'une activité en rapport
avec sa condition : *non est substantia otiosa?*

La suspension de la vie de l'âme équivaudrait à
son anéantissement. Sans doute les sens seront ré-
duits à l'impuissance : comment l'âme pourrait-elle
voir sans yeux ? Mais les facultés intellectuelles dont
les actes sont: penser, vouloir, aimer, pourront librement exercer leur activité, puisqu'elles sont spiri-
tuelles: c'est à peine si les conditions de cette activité seront légèrement modifiées par le dehors.

Ces hautes réalités qui appartiennent au monde
supra-sensible, le vrai, le bien, le beau, seront toujours à la portée de son regard et le terme de ses
aspirations. Si elle est fermée aux influences du
monde sensible où elle puisait ses idées, pourquoi ne
pourraient-elles pas lui arriver par une autre voie,
par exemple sous l'action d'une lumière supérieure
et divine, comme nous le dirons plus loin ?

Elle pourra donc toujours se connaître elle-même,

____

(1) Sermon sur la *Résurrection.*

jouir de ses idées acquises et en augmenter le trésor, se mettre en rapport avec les autres esprits et surtout avec Dieu, etc.

Concluons avec Bossuet : après la mort « LA VIE DE NOTRE RAISON EST EN SURETÉ. »

L'AU DELA ET LA JUSTICE.

La justice est un principe universel et absolu ; il n'est pas subordonné aux circonstances ni aux contingences locales ou historiques ; il est aussi immuable que les axiomes géométriques. De même qu'il est vrai partout et toujours que la ligne droite est le plus court chemin d'un point à un autre, ainsi il est vrai que le bien et le mal sont différents sous tous les climats et à toutes les époques.

Profondément gravé dans le cœur humain, il se traduit par ce cri de la conscience : le bien doit être récompensé, le mal doit être puni. La séparation de l'ivraie et du bon grain n'est pas seulement un dogme chrétien ; c'est un postulat de la raison et de la conscience que l'Evangile désigne sous ce beau nom : la faim et la soif de la justice.

D'ailleurs, s'il existe un Dieu personnel, intelligent et libre, la justice est comme toutes les perfections attachée à son indéfectible essence. Il est sans doute souverainement indépendant ; mais il se doit à lui-même de rendre à chacun suivant ses œuvres (1) ; créateur et père d'êtres doués de liberté, il est l'auteur des lois qui dirigent leur conscience ; indispensable soutien de l'ordre moral, il doit lui assurer une sanction capable de prévenir et de réprimer les défaillances humaines.

(1) S. Matthieu, XVI, 27.

En un mot il doit être à la fois l'œil qui dirige et la main qui frappe.

Mais si la justice n'est pas un vain mot, elle doit recevoir quelque part une application plénière et infaillible.

En ce monde la justice s'exerce déjà : on connaît les pages superbes consacrées par le comte de Maistre à la justification du gouvernement du monde par la Providence.

De fait, les peines légales, les conséquences naturelles de la vertu et du vice, le témoignage des hommes et de la conscience ne sont pas des sanctions sans valeur.

Mais sont-elles suffisantes ? Non.

*
* *

La première est la JUSTICE HUMAINE, image réelle mais souvent bien défigurée de la justice de Dieu.

Qui ne sait qu'elle est trop souvent l'application de lois défectueuses, marquées à l'empreinte de l'ignorance ou de la perversité humaines ?

D'ailleurs elle n'atteint qu'une minime partie de notre activité ; notre vie intérieure lui échappe totalement, et parmi les actes extérieurs, beaucoup sont soustraits à son regard ou à sa puissance.

De plus, selon le mot d'un vieil écrivain, elle est « manchote » ; car elle ne fait guère que punir ; ses prix de vertu sont aussi rares qu'illusoires.

Que dire si le glaive de la justice, tombé entre des mains débiles ou corrompues, épargne les grands coupables et porte aux innocents des coups dont les conséquences sont irrémédiables ?

Mais, peut-être les sanctions extérieures telles que

la FORTUNE, les HONNEURS, la RENOMMÉE sont-elles un hommage moins équivoque à la vertu.

Non encore ; car si l'estime publique entoure généralement l'homme de bien, les prospérités temporelles sont trop souvent le salaire du vice triomphant. Les jugements de l'opinion sont aveugles, passionnés, capricieux ; on la grise par des flatteries, on la mène avec des mots.

Quant à la gloire, elle peut séduire quelques élus du caprice populaire, mais elle n'est pour le commun des hommes qu'un mot vide de sens. Que si on la fait consister dans un bruit posthume qui n'arrive plus à l'oreille de celui qui en est l'objet, il faut avouer que c'est un contrepoids bien aléatoire aux rudes sacrifices qu'impose la vertu.

Quand donc M. Renan propose comme récompense à la vertu une survivance « dans la pensée collective » de l'humanité et dans le « résultat général du travail de l'espèce (1) ; » quand M. Littré affirme que la « contemplation des lois éternelles du monde » vaut bien la peine de vivre (2), ils parlent moins en moralistes qu'en virtuoses du dilettantisme !

Le principal héros d'Homère a-t-il moins de logique quand il préfère le sort « d'un chien vivant à celui du plus grand homme qui est mort ? »

Soit, nous dit-on : les hommes n'ont pas de récompense pour la vertu, mais à quoi bon ? ELLE EST À ELLE-MÊME SA RÉCOMPENSE ; « la vertu et le bonheur peuvent être mis en équation, » parce qu'ils sont une seule et même chose.

Illusion ! qu'est-ce que cette paix intérieure de la conscience ? C'est moins une récompense que la voix

(1) *Conservation, révolution et positivisme,* p. 303.
(2) *Introduction au livre de Job,* p. 90.

impartiale d'un témoin et d'un juge ; c'est tout au plus une consolation préalable qui permet d'attendre l'heure de la justice, mais qui devient une duperie et un mensonge si cette heure ne doit jamais sonner !

D'ailleurs combien d'âmes délicates et pures voient s'évanouir peu à peu cette paix précieuse à mesure que grandissent à leurs yeux l'idéal dont elles sont éprises et la conscience des imperfections inévitables qui les en séparent ici-bas !

Et le remords, est-il le châtiment infaillible du vice et lui est-il proportionné suivant les exigences sacrées de la justice ? Non ; il punit bien les fautes légères et les coupables peu familiarisés avec le mal ; mais son aiguillon s'émousse par l'habitude du crime, et bientôt le « bourreau intérieur » laisse dans une paix fatale, mais trop réelle, les consciences insensibles et atrophiées.

Faut-il faire mention de cette morale en l'air qui prétend s'appuyer uniquement sur la mise en valeur et le PERFECTIONNEMENT INTÉGRAL DE LA PERSONNALITÉ HUMAINE ?

Il est à craindre que ce résultat, excellent en lui-même, ne paraisse à la plupart des hommes, bien peu proportionné aux efforts qu'il suppose. Et puis, ce mouvement en avant, cette ascension de l'âme suppose une orientation, un but, un terme. Vers quel inconnu se fera cette orientation, si le néant seul nous attend au dernier soir de notre vie ?

Ce n'est pas tout : supposons que l'une ou l'autre de ces sanctions ou au moins toutes ensemble aient la valeur qu'on leur attribue, une suprême injustice serait encore à réparer.

En effet, donner sa vie pour une grande cause, pour sa patrie ou sa foi, n'est-ce pas l'héroïsme du

bien et le sommet glorieux de la vertu ? Se débar-
rasser froidement de la vie par le suicide et trahir
ainsi ses devoirs les plus essentiels envers Dieu,
envers la société et envers soi-même, n'est-ce pas le
crime le plus abominable ?

Eh bien ! quelle est, parmi les sanctions citées
plus haut, celle qui atteint efficacement au terme
de leur vie le martyr et l'apostat du devoir ?

AUCUNE.

Donc il en existe une autre, sans quoi la justice
n'est qu'un mot, un leurre, un non-sens !

Ah ! je comprends ce déchirant appel, non à la
« nature impassible », mais à la justice divine, qui
se retrouve partout, chez les peuplades barbares
comme au sein des nations civilisées, dans la bouche
de Platon et de Sénèque comme sur les lèvres de
S. Paul, et qui constitue la démonstration la plus
populaire de l'immortalité de l'âme !

Mériter, avait dit Sénèque, c'est attendre. « Le
mérite et la souffrance, dit M. Caro, voilà ce qui
me fait immortel : c'est l'éternel, l'indéracinable
argument de la vie future (1) ! »

Et Fénelon, frappé de ce fait, osait affirmer que
même si l'âme était matérielle, il faudrait cependant qu'elle fût immortelle, afin qu'il fût rendu à
chacun selon ses œuvres.

*
* *

L'existence de cette sanction suprême, malgré son
évidente nécessité, a cependant été souvent con-
testée.

Une des dernières attaques les plus retentissantes

---

(1) L'*Idée de Dieu*, chap. VII, p. 357.

contre le dogme des peines et des récompenses futures a été livrée par un savant en renom, M. Gabriel Séailles, professeur à la Sorbonne, dans une conférence faite le 15 avril 1897, à l'ouverture des réunions annuelles de l'*Union pour l'action morale* (1).

L'austère moraliste estime avec une école moderne que « la crainte du châtiment et l'espoir d'une récompense sont des motifs qui altèrent la moralité de l'action. »

Avouons-le : ce serait calomnier le cœur humain que de le croire uniquement accessible aux motifs d'intérêt ; mais nier l'influence de la crainte et de l'espérance sur ses déterminations, ce serait également se mettre en opposition avec la réalité des faits.

Lui demander ce prétendu désintéressement, c'est lui imposer une tâche contre nature.

De plus cette théorie suppose que l'homme est absolument autonome, qu'il est à lui-même sa raison d'être, son centre et son dieu. C'est « l'AUTO-LATRIE » rêvée par ces écrivains qui ont imaginé « la religion de l'âme », d'une âme à laquelle ils contestent même l'immortalité.

N'est-il pas évident que l'homme, comme les autres êtres, est soumis à des lois supérieures ? Il est libre, mais non absolument indépendant. Son premier devoir envers le Législateur suprême est de respecter ces lois, surtout celle qui par un mouvement irrésistible, l'emporte vers le bonheur. Et si ce devoir primordial s'identifie pour l'homme avec son intérêt, c'est que le même Dieu est à la fois

____

(1) *Revue bleue*, N°ˢ du 1ᵉʳ et du 8 mai 1897.

l'arbitre suprême de nos destinées et le souverain
bien qui en sera le couronnement.

Dédaigner ces récompenses et ces peines, c'est
nier par un inconcevable orgueil cette essentielle
prérogative de l'Etre absolu par laquelle il est le
principe et la fin de toutes choses, le gardien de
l'ordre moral, le vengeur du crime et le rémunéra-
teur de la vertu.

Théorie fausse et prétentieuse, qui n'a pas même
le mérite de l'originalité; car elle n'est qu'un
stoïcisme rajeuni et un déguisement visible d'une
erreur fameuse au XVIIe siècle, le *quiétisme*.

*
* *

Si la justice qui récompense effarouche le désintéressement de quelques libres-penseurs, la justice
qui punit, alarme leur conscience et éveille chez eux
des scrupules.

« La vengeance, poursuit M. Séailles, ne guérit
pas le mal, elle le multiplie. »

Cela est vrai de la vengeance privée; arbitraire,
capricieuse, passionnée, elle « multiplie le mal », et
devient la source de déplorables excès.

Aussi Dieu nous l'a interdite et s'est réservé de
l'exercer lui-même, soit par l'intermédiaire de la
justice humaine, soit par une intervention directe
et personnelle : « à moi la vengeance », dit-il dans
la Ste Ecriture.

Il ne s'en suit pas que Dieu puisse être comparé à
un tyran vindicatif et colère savourant l'âpre satisfaction de voir souffrir les coupables tombés entre
ses mains.

C'est le Juge suprême et incorruptible qui exécute
les lois intangibles de la justice. Or, ces lois exigent

le rétablissement de l'équilibre général troublé par le péché. Cette restauration de l'ordre moral se fait par la peine qui est comme une réaction bienfaisante contre le mal accompli.

On voit par cette simple et nette conception de la justice, combien est fausse et dangereuse la prétendue théorie humanitaire d'après laquelle la justice se réduirait au droit de corriger.

A ce compte les scélérats les plus endurcis devraient lui échapper ; et plus ils sont incorrigibles, plus la société est impuissante et désarmée ; si ces singuliers malades repoussent ses services, elle n'a plus qu'à se retirer comme un médecin poliment congédié !

Non, l'amélioration du coupable n'est pas la fin principale de la justice ; cette fin, grande et sublime entre toutes, c'est le triomphe final et notoire du bien sur le mal : insuffisamment assuré en cette vie, il doit éclater à tous les yeux dans une autre. Aussi par delà l'horizon obscur et étroit de la justice imparfaite de ce monde, la raison et la foi voient se lever l'aurore d'un avenir lumineux et ouvert, où tout ce qui est ici-bas discordant, se fondra dans l'harmonie finale de l'ensemble.

Le monde où nous vivons n'est qu'un prélude et un commencement ; c'est ailleurs que tout s'achève. Comme dit Rousseau, « tout ne finit pas pour nous avec la vie ; TOUT RENTRE DANS L'ORDRE A LA MORT ! »

L'AU DELA ET LE PLAN DIVIN.

Toute la philosophie est régie par l'idée de but.
La finalité est la loi dominante du monde ; car suivant
la profonde remarque d'Aristote, rien ne s'y fait en
vain, et une chose sans but est impossible, car elle
serait sans raison.

C'est que, dit Bossuet, « le rapport de l'ordre et
de la raison est extrême. » Dieu, raison souveraine
et parfaite, gouverne le monde avec une impeccable
sagesse. Artiste habile, il adapte les moyens au but,
et organise chaque être en vue de sa destination. Il
y a une proportion parfaite, j'allais dire une équation, entre les actes et leur principe, entre les fonctions et la fin, entre la nature et la destinée de tous
les êtres, de sorte que l'un de ces termes étant con-
nu, la raison peut aller avec assurance à la décou-
verte de l'autre.

Tel est l'ordre du κοσμος dont Pythagore et les anciens avaient saisi la vague harmonie et que le génie
de S. Thomas devait mettre dans un si puissant relief.

De même, en effet, que la connaissance des pro-
priétés des corps en révèle au savant la nature et la
destinée, ainsi l'étude des facultés et des aspirations
de l'être humain doit nous éclairer sur son avenir.
Est-il possible que Dieu ait façonné sur le même
modèle un être appelé à l'immortalité et un être
condamné à traîner en ce monde, sans espoir de
survie, une existence éphémère et caduque ?

* *

Par un privilège de sa nature, l'âme, avons-nous dit, survit au corps. Ce sont même deux substances si disparates, qu'il y a plus lieu d'être surpris de leur union que de leurs destinées si différentes.

Or, dit S. Thomas, Dieu respecte la condition naturelle de chaque être. Si l'homme est grand quand il fait ce serment : ce qui est dit est dit, ce qui est écrit est écrit, comprendrait-on que Dieu se démentît une seule fois et retirât traîtreusement la parole donnée?

Mais que sont les êtres créés et en particulier l'âme humaine? Ce sont les idées divines projetées au dehors, ce sont comme des expressions imparfaites, mais réelles cependant du Verbe de Dieu ou de sa parole, *vox Dei in rebus revelata*, suivant le mot de Bacon.

Si donc Dieu a donné à l'âme une nature spirituelle et une constitution immortelle, il n'abrogera pas cette disposition providentielle. Il se doit à lui-même de ne pas se contredire, et l'âme subsistera toujours, comme dit S. Thomas, « PAR L'IMMOBILITÉ DE LA VOLONTÉ DIVINE. »

Et lors même que de sa nature l'âme ne serait pas immortelle, on ne saurait en conclure qu'elle doit finir un jour. Car, « Dieu a créé les choses pour qu'elles fussent »; Dieu, être par excellence et principe de tout être, ne détruit rien de ce qu'il a fait; ses dons, dit l'Ecriture, sont sans repentance, et il n'est pas le Dieu des morts, mais des vivants.

Ce fécond et lumineux principe de S. Thomas était une intuition de génie; Lavoisier l'a démontré expérimentalement et ainsi formulé : dans la nature, rien ne se crée, rien ne se perd, tout se trans-

forme. Chaque parcelle de matière subit des méta-
morphoses indéfinies, mais aucune ne disparaît. Le
corps humain, par exemple, quand il cesse de vivre
n'est pas anéanti, comme on croit vulgairement;
sous l'action des forces chimiques, il subit la loi de
l'échange, ou comme disait Bossuet, du commerce
de la matière ; mais pas un seul de ses atomes n'est
anéanti.

Ainsi donc, Dieu, auteur de cette loi du monde
physique, respecte ces infiniment petits et leur conserve l'existence. Et pourtant ils n'ont pas de fin
qui leur soit propre et ils n'existent qu'en vue de
l'ensemble dont ils font partie. Et l'âme qui, suivant
le mot de Kant est « *une fin en soi,* » qui a plus de
réalité que tout le monde matériel, on voudrait
que Dieu la replongeât à jamais dans le néant !

Sans doute l'âme n'existe pas nécessairement ;
c'est très librement que Dieu l'a créée et il pourrait
la détruire ; comme elle n'a en elle-même, à aucun
moment de la durée, sa raison d'être, il lui suffirait
pour cela de suspendre son action conservatrice qui
n'est qu'une création prolongée.

Cependant cette annihilation n'exige rien moins
qu'une intervention de la toute-puissance divine :
anéantir et créer, faire de rien et réduire à rien sont
deux actes équivalents et proportionnés à la seule
puissance capable de franchir la distance incommensurable qui sépare l'être du non-être.

Et de fait, dit la science, rien n'est anéanti dans
la nature ; tous ses éléments persistent et se transforment ; toutes les forces cosmiques conjurées pulvé-
risent la matière sans la détruire : comment pourraient-elles anéantir l'âme ?

Puis-je le faire moi-même ? Non ; je ne lui ai pas
donné l'être, je ne puis le lui ôter ; Dieu seul le lui

conserve, seul il pourrait le lui enlever, si cet acte de
sa puissance n'était en opposition avec ses autres
attributs.

Il convient donc à l'âme, conclut le Docteur angé-
lique, d'être immortelle, comme au nombre d'être
pair ou impair.

*
* *

Examinons maintenant, en face de la sagesse divine, non plus l'essence immatérielle de l'âme, mais
sa nature morale et ses aspirations intimes.

Toute vie créée, n'ayant pas en elle-même la
source de son être, a besoin de s'entretenir par l'absorption d'un élément étranger.

Mais la loi d'assimilation qui préside à la nutri-
tion exige évidemment que la nourriture réponde
aux besoins et s'accommode à la nature de la vie
qu'elle doit renouveler. Il doit y avoir, et il y a de
fait, comme il est facile de s'en convaincre, une
sorte d'homogénéité entre la substance vivante et le
principe nourricier qui l'alimente.

Or c'est la vérité qui est l'aliment de l'âme, la vie
de l'intelligence, et suivant la forte expression de
Malebranche, « la viande des esprits, » et non seulement la science du monde physique et des choses
matérielles, mais les principes nécessaires, immua-
bles, éternels.

Et, chose étrange, bien que notre esprit soit très
borné, rien ne saurait satisfaire son besoin de savoir ;
il a soif de la vérité absolue ; en vain il parcourt
le domaine des êtres créés ; quand même il aurait
exploré l'immense océan de la vérité qui s'étendait
devant le puissant regard de Newton expirant, sa

curiosité ne serait pas encore satisfaite, parce qu'il porte en lui un idéal dont le terme n'est que dans l'infini.

Le désir est proportionné à la connaissance et marche du même pas. Ecoutons-nous vivre ; en vain notre cœur essaie de tout, nos plus impérieux désirs sont inassouvis. Aussitôt que notre pensée a fait le tour des biens finis, notre cœur sent en eux un vide que rien ne peut combler : science, fortune, honneur, satisfactions de toutes sortes y tombent comme dans un abîme sans fond qui s'élargit sans cesse.

Ce n'est pas tout ; l'animal emprisonné dans la sphère étroite de la sensation, n'a pas de désir qui dépasse le coin de l'espace qu'il occupe et l'instant de la durée qui mesure sa vie. L'homme au contraire déborde par la pensée le temps et l'espace ; aussi il désire naturellement être toujours (1). Il y a en nous une irrésistible aspiration vers l'immortalité, un instinct passionné de survie, une ambition illimitée de vivre toujours.

Ainsi toutes nos aspirations montent vers l'infini ; de même que les corps tendent vers le centre de la terre, l'âme gravite vers l'absolu et y cherche le lieu de son éternel repos. Elle en descend, elle y retourne ; car la perfection des choses, dit S. Thomas, est de revenir à leur principe : c'est le flux et le reflux de la création.

*
* *

Etrange raison, dira-t-on peut-être ; vous croyez à la vie future uniquement parce que vous la désirez.

____

(1) *Somme théologique.* 1. p. q. 75. a. 6. *Contra Gentes.* liv. II, ch. 55.

— Oui ; mais il y a loin d'un vœu individuel et privé à une inclination naturelle et spontanée du cœur humain.

Ce désir n'est pas notre œuvre ni un produit fictif de notre imagination ; ce n'est pas nous qui nous nous le sommes donné, et il n'est pas en notre pouvoir de nous en défaire : il jaillit du fond même de notre être et s'identifie avec lui.

Ce n'est pas davantage un fait personnel, résultant de circonstances fortuites, mais un fait primitif, humain, universel qui ne peut s'expliquer que par une loi générale de la nature. Et cette loi, ayant Dieu lui-même pour auteur, ne saurait nous induire en erreur.

Eh quoi ! Dieu ne trompe pas l'instinct d'un insecte, et il ferait mentir celui qu'il a gravé de sa main dans notre âme !

Il n'a établi en vain aucune des lois de la nature et il violerait celle qu'il a imposée à l'homme son chef-d'œuvre !

Il fait tout « avec nombre, poids et mesure, » il conduit avec une infaillible sagesse les êtres à leur fin ; et nous, il nous pousse aujourd'hui par un mouvement irrésistible vers le bonheur, la vérité, la vie, l'idéal ; et après nous avoir donné de tout cela un avant-goût qui ne nous a laissé que des déceptions, il nous attend demain pour nous replonger dans le néant !

Non, cela n'est pas, à moins que l'on ne veuille admettre avec Hegel que la contradiction est la loi des êtres aussi bien que de la pensée.

Que ce qui est capable de Dieu, s'écrie Bossuet, soit immortel comme lui (1) !

____

(1) Sermon pour la *Toussaint*.

Après le matérialisme du XVIII⁹ siècle, quelques esprits fatigués de doutes et de négations, s'attachèrent à un spiritualisme vague et imprécis. Ils se laissèrent séduire par une vieille erreur qui avait pris naissance en Egypte et en Chaldée et que Pythagore et Origène avaient jadis rendue célèbre.

C'est la *métempsycose* dont les principaux adeptes en ce siècle sont Fourier, fondateur de l'école phalanstérienne, et Jean Reynaud (1) ; quelques autres y ont ajouté plus récemment les rêveries du spiritisme.

Quand d'après eux la vie humaine touche à son terme et que les organes sont épuisés, l'âme passe dans un autre corps et recommence une nouvelle existence.

Si elle a fait le bien pendant la première épreuve, elle est unie à un corps plus parfait, et l'éternité sera remplie par une série indéfinie d'épreuves de ce genre.

La seule différence notable entre la métempsycose ancienne et la moderne est que celle-ci a écarté l'hypothèse grossière d'après laquelle les âmes humaines passeraient dans des corps d'animaux.

Cette théorie, affirment ses partisans, apporte la solution la plus satisfaisante à deux problèmes fort complexes, les inégalités physiques et morales que nous constatons en ce monde, les peines et les récompenses de l'autre (2).

Mais malgré cette grave prétention et les pers-

(1) Jean Reynaud : *Terre et Ciel.*
(2) Louis Figuier : *Le lendemain de la mort.*
    Pezzani : *La pluralité des existences de l'âme.*

pectives fantastiques de cette chevauchée d'étoile en étoile, la métempsycose n'est qu'une hypothèse sans fondement.

Ces réincarnations successives sont en opposition avec la raison ; car l'épreuve, dans sa notion élémentaire et philosophique, est une préparation à un état permanent et immuable ; comment concevoir des épreuves qui n'ont ni conclusion ni fin et un voyage chimérique vers un but qui n'existe pas ?

Ensuite est-il vrai, est-il possible que tous les déshérités de ce monde soient des coupables ? Non, car ils n'ont nullement conscience des fautes qu'ils auraient commises dans une vie précédente ; or un châtiment qui n'est pas lié au souvenir de la faute commise est une barbarie et un non-sens ; seul le coupable doit être puni, et encore faut-il qu'il le comprenne et qu'il se sente coupable. La vie est pour les malheureux comme pour les autres, non pas un châtiment, mais une épreuve, un peu plus dure peut-être, qui recevra sa récompense dans l'éternité.

Est-il besoin de montrer combien cette théorie est dangereuse et immorale ? Si les épreuves dont on nous menace ne doivent pas finir, c'en est fait de toute sanction ; la créature est maîtresse absolue de son sort, car elle peut reculer indéfiniment son repentir, de sorte que l'homme est livré sans remède à la corruption et la justice de Dieu mise éternellement en échec par l'audacieuse révolte du coupable impénitent !

*
* *

Le matérialiste Büchner a dit cette sévère parole : « Nos philosophes modernes aiment à nous réchauffer de vieux légumes en leur donnant des noms nouveaux, pour les servir comme les dernières inventions de la cuisine philosophique. »

Rien de plus juste : c'est ainsi que la vieille théorie du *nirvâna* indien a été renouvelée par l'école panthéiste moderne. Elle proclame l'extinction de la personnalité et son absorption dans l'âme universelle ou en je ne sais quel Dieu que file « l'araignée humaine. » Hegel et Taine, Aug. Comte et Renan s'accordent ainsi à nier l'immortalité du moi individuel ou de chaque âme humaine pour admettre une sorte d'existence éternelle à titre d'idée pure. Ce qui est immortel pour eux, c'est l'idée de l'individu mort dans l'humanité qui persiste et survit.

En un mot, c'est le nirvâna des Indiens, le sommeil de l'anéantissement final.

Plaisante idée, en vérité, que de nous présenter ce sommeil profond et sans fin comme une vie nouvelle, l'anéantissement du cœur et de la pensée comme une béatitude, et la fin du moi comme l'immortalité à laquelle nous aspirons !

A quoi servirait, à supposer qu'elle fût encore sauvegardée, la seule identité d'une substance inerte et sans vie ? Oter à l'âme la conscience de cette identité, c'est ruiner entièrement son activité : la reconnaissance de l'identité n'est-elle pas le premier degré de la connaissance ?

La justice demande et la raison proclame la personnalité immortelle de l'âme, la survivance du moi et de la conscience individuelle dans la récompense ou dans la peine.

L'homme doit se retrouver le même au delà de la tombe, sans que la chaîne de son identité soit rompue par l'extinction de la conscience et le silence de la mémoire.

L'harmonie du plan divin l'exige : il faut à notre âme une vie future et immortelle.

L'AU DELA ET LE CHATIMENT.

« Ceux qui auront fait le bien iront à la vie éternelle, ceux qui auront fait le mal iront au feu éternel. »

Telle est la foi catholique comme l'expose l'antique symbole de S. Athanase.

Ce dogme de l'éternité des peines n'est pas toutefois la propriété exclusive de l'Eglise ; il est, comme nous l'avons vu, au fond de toutes les religions et il a été professé par le genre humain tout entier. Platon et Virgile, Voltaire et Rousseau parlent sur ce point comme l'Evangile.

Si ce dogme était aussi absurde que le prétendent nos modernes rationalistes, comment aurait-il été cru si universellement sans difficulté ? N'y a-t-il pas là une preuve évidente de sa parfaite conformité avec les plus nobles instincts de la nature humaine et les exigences de la raison ?

Quand donc M. Jules Simon écrit « qu'aucun principe de la raison ne conduit à l'éternité des peines et ne permet de l'admettre (1), » quand un autre affirme avec assurance que « l'enfer est un dogme qui a fait son temps et qu'il est superflu de le réfuter (2), » nous les soupçonnons fort de n'avoir jeté sur la question qu'un regard prévenu ou superficiel.

L'enfer n'est pas, aux yeux de la droite raison, un non-sens ou une chose inintelligible, ce n'est pas

(1) *La Religion naturelle*, p. 305. (4e édition).
(2) Louis Figuier.

même une vérité accessoire et isolée ; il tient à la substance même du dogme catholique, et il est la terrible et inévitable conséquence des principes les plus élémentaires et les plus certains.

Ainsi par exemple, n'est-il pas hors de doute, pour tout esprit sain, que l'être et le néant, le vrai et le faux, le bien et le mal, sont des choses essentiellement distinctes et contradictoires ? L'une affirme ce que l'autre nie ; leur opposition est par conséquent absolue et radicale, et il est impossible qu'ils aient la même conclusion et qu'ils portent les mêmes fruits.

A aucune époque de la durée, aussi lointaine qu'on la suppose, le vrai ne peut devenir le faux, ni le bien devenir le mal ; s'ils devaient jamais se rencontrer et se confondre, il n'y aurait plus entre eux qu'une nuance et non une opposition irréductible.

L'enfer éternel est précisément le corollaire obligé et le terme final de cette distinction entre le bien et le mal qui se prolonge indéfiniment. Ce principe qui est la clef de voûte de l'ordre moral n'apparaît dans sa saisissante évidence et dans son inflexible rigueur que si on le rapproche de ce dogme redoutable.

Loin d'être « un crime (1), » ou « une horrible fable (2), » l'enfer est donc la conclusion nécessaire de l'ordre moral, et tous ceux qui voudront, suivant la méthode d'immanence chère à M. Blondel (3), analyser jusqu'au bout le contenu des premiers principes de

---

(1) Conférence déjà citée de M. Séailles : *Les Affirmations de la conscience moderne.*

(2) M. Renouvier. *La critique philosophique*, 31 octobre 1878.

(3) *Lettre sur les exigences de la pensée contemporaine.* p. 28.

la pensée, constateront que c'est le dernier mot de la
raison sur Dieu, l'homme et leurs rapports.

Écoutons encore parler sur ce sujet d'une éternelle actualité la haute raison du prince de la philosophie chrétienne S. Thomas d'Aquin.

C'est un principe de vulgaire bon sens que la gravité d'une faute se mesure à la dignité de l'offensé
et à la condition de l'offenseur. Conséquemment le
péché, bien que venant d'un être borné dans sa nature et ses facultés, emprunte à la perfection infinie
et transcendante qu'il outrage, une incommensurable gravité. En attachant son cœur à un bien périssable, l'homme tend à enlever à Dieu sa prérogative essentielle d'Etre souverain, de fin dernière et
de béatitude suprême de l'homme ; il déplace sa
destinée véritable et commet un crime de lèse-
majesté divine qui appelle en stricte justice un châtiment infini.

Et de fait, d'après l'enseignement catholique, il
n'a été et n'a pu être expié que par la satisfaction
infinie de l'Homme-Dieu.

Mais l'homme qui persiste dans l'impénitence
finale, refuse de puiser à cette source du pardon ; il
doit donc subir lui-même sa peine. Mais il ne peut
la supporter infinie ; car, quelque grande qu'elle soit,
on pourra toujours y ajouter au moins par la pensée.
Ne convient-il donc pas que la proportion entre la
faute et la peine, qui manque sous le rapport de l'in-
tensité, se retrouve autant que possible du côté de
la durée ?

Mais il y a plus : la violation de l'ordre moral que
la religion appelle péché, n'est pas seulement infinie
en malice, elle est encore, au moins virtuellement
infinie en durée.

En effet, quand l'homme demande à un être fini

et borné une trompeuse félicité, il se sépare violemment du bien suprême. Si Dieu ne lui donne pas de sursis, (et à quel titre serait-il tenu de le faire ?) cet état de divorce se prolonge de lui-même, et doit durer autant que l'âme, c'est-à-dire être éternel. Car si la mort frappe le coupable, elle le saisit tel qu'il est et le laisse immobile ; l'éternité dans laquelle il entre n'est pas une seconde épreuve, mais un état immuable et indéfiniment le même (1).

D'ailleurs le désir intime de celui qui s'abandonne à sa passion n'est-il pas de s'y attacher encore et toujours ? Il voue à son idole un culte éternel, lui demande sa félicité pour toujours et donne ainsi à son choix une portée illimitée et sans fin.

« Ce misérable, dit Bossuet, avec une admirable profondeur, n'est plus dans l'acte ni dans l'habitude du péché : il est dans l'état du péché, le péché s'est humanisé en lui ; c'est un homme fait péché. »

*
 * *

Sans doute, il reste des ombres autour de cette vérité ; mais les ombres ne sont pas des contradictions. Quoi d'étonnant, puisque l'Infini est au fond de tous les dogmes chrétiens ? « Ce que nous connaissons de la conduite de Dieu, dit Leibnitz, n'est presque rien, et nous voudrions mesurer sa sagesse et sa bonté par notre connaissance : quelle témérité !... Dire avec saint Paul : *O altitudo sapientiæ* ! ce n'est point renoncer à la raison (2). »

On nous demande comment une défaillance d'un instant peut mériter un châtiment infini, et on pré-

______

(1) *Contra Gentes*, l. IV, c. 95.
(2) Théodicée, p. II. N. 134.

tend qu'il y a là, sinon une flagrante violation de la justice, au moins une cruauté inconciliable avec la bonté de Dieu.

Nous avons dit déjà que si la peine était rigoureusement infinie, elle ne serait pas pour cela entachée d'injustice, puisqu'il n'y aurait qu'une exacte proportion entre la faute et le châtiment.

Mais le châtiment n'est pas à proprement parler infini, même en durée, puisqu'il a eu un commencement et se prolonge chaque jour davantage. Jamais, à aucun moment de la durée, si éloigné qu'on le suppose, les victimes de l'enfer n'y auront passé une temps infini.

Ensuite, l'infini, dépassant toute mesure, ne comporte pas de degrés, tandis que les peines de l'enfer sont aussi diverses que les fautes dont elles sont le châtiment : *pœnis tamen disparibus puniendos* (1).

Pourquoi encore mettre en opposition la durée de la faute et celle de la peine, et dire « qu'il n'y a pas de faute temporelle qui appelle une punition éternelle (2) ? »

Est-ce que la rigueur de la peine doit se mesurer non plus à la gravité du crime, mais à sa durée ? A ce compte, un crime rapide comme la détonation d'une arme à feu ne pourrait plus être châtié que par une punition instantanée ! Et cependant quand un membre de la société s'est par une faute grave rendu indigne de pardon, il est condamné à mort ou à une autre peine à PERPÉTUITÉ. Les effets de ce châtiment ne sont-ils pas irrévocables, de telle sorte qu'ils dureraient toujours si le coupable pouvait vivre toujours ? Pourquoi donc contester à la justice divine

(1) Concile de Florence, *in decreto unionis.*
(2) Jules Simon, *loco citato.*

un droit qu'on ne refuse guère à la justice
humaine (1)?

Mais c'est à la bonté de Dieu que font un appel
désespéré les adversaires de l'éternité des peines. —
Vains efforts ! Comme si la bonté était en Dieu l'adversaire de la justice ! Ce serait la faire dégénérer
en faiblesse et rompre cette unité des perfections
divines qui se reflète dans toutes ses œuvres. Ainsi,
la Rédemption qui est, au témoignage de S. Paul,
« *l'apparition* » la plus touchante de la bonté divine,
est en même temps un acte de suprême justice.

La bonté de Dieu est essentiellement amie de
l'ordre et du bien ; loin d'entraver l'action de la
justice, elle la suppose, afin, dit S. Thomas, d'imposer à toute créature le respect de l'ordre qui est le
bien de l'univers.

D'ailleurs que reproche-t-on à la bonté de Dieu ?
Il n'a négligé aucun moyen pour attirer l'homme à
sa fin, et à propos de tous et de chacun, il peut répé-
ter le mot de l'Ecriture : « Qu'ai-je pu faire et que je
n'ai pas fait ? » Ne sent-on pas gronder dans ce
reproche ce que J. de Maistre appelle « la colère de
l'amour ? » Méprisé jusqu'à la fin par l'homme impénitent, Dieu se retire, continue le P. Lacordaire ;
car « l'amour repoussé ne pardonne plus : l'enfer
est la loi de l'amour ! »

* *
*

Les systèmes philosophiques qui rejettent l'éternité des peines peuvent se ramener à deux : celui
de l'immortalité facultative ou conditionnelle et celui
de la réconciliation future des méchants avec Dieu.

____

(1) *Contra gentes*, l. III. c. 144.

Le premier est fort ancien : Cicéron l'avait adopté, quelques écrivains chrétiens comme Arnobe y ont souscrit, et il a été repris et défendu avec talent par plusieurs auteurs modernes, surtout protestants ou anglicans (1).

D'après eux, les bons vivront éternellement et jouiront au ciel de la récompense de leurs vertus ; mais les méchants seront anéantis en punition de leurs fautes ; l'immortalité est donc pour chacun *facultative* ou *conditionnelle*.

S. Thomas avait déjà réfuté cette doctrine avec sa profondeur ordinaire. Dieu, dit-il, pourrait assurément anéantir le coupable ; mais il est plus juste qu'il le conserve et le punisse. D'abord c'est la volonté qui dans l'homme se révolte contre Dieu, tandis que la nature demeure dans l'ordre voulu par lui. La punition doit donc atteindre la volonté. Or, si le coupable était anéanti, le châtiment frapperait la nature seule, et la volonté demeurerait impunie.

Ensuite il y a deux éléments dans la faute : le coupable repousse le bien absolu et se tourne vers un bien périssable, et ces deux éléments doivent se retrouver dans le châtiment. Or, l'anéantissement le prive du bien infini, mais ne saurait punir l'abus fait de la créature, ce qui est contraire à la justice (2).

La justice réclame également que les peines soient diversifiées comme les fautes ; or il n'y a pas de degrés dans l'anéantissement : une telle pénalité serait donc encore de ce chef une violation de la justice.

(1) Pétavel : *L'Immortalité conditionnelle.*
    Ch. Lambert : *le Spiritualisme et la Religion.*
    Renouvier : *la Critique philosophique.*
(2) *De potentia.* q. 5. a. 4. ad 6ᵐ.

Et que deviendrait l'ordre moral n'ayant pour appui qu'une pareille sanction ? Alors que la crainte des châtiments éternels suffit à peine pour contenir la fougue des passions humaines, à quoi servira la vague perspective de l'anéantissement ? Ensuite la disparition du coupable n'est nullement la réparation de l'injustice commise ni la sauvegarde de l'ordre moral. En définitive, Dieu, réduit à anéantir les coupables, s'avouerait vaincu ; et après avoir créé l'âme immortelle, il briserait son plan parce qu'il plairait à la créature de se moquer de lui, et en se plongeant dans le néant, les coupables pourraient lui jeter un dernier blasphème qui demeurerait éternellement impuni !

Nos adversaires réclament au nom de la justice : la vie, disent-ils, est un don de Dieu ; mais nous ne l'avons ni demandée ni acceptée : pourquoi ne pourrions-nous pas y renoncer ? — Parce que la vie n'est pas seulement un don et un bienfait, mais une épreuve que Dieu a le droit évident de nous imposer sans nous consulter. Comment d'ailleurs aurions-nous pu être consultés, quand nous n'étions pas encore ?

Cette doctrine si rationnelle paraît inadmissible à quelques autres adversaires de l'éternité des peines. Aussi ils ont renouvelé une vieille hypothèse des Origénistes d'après laquelle les condamnés de la justice de Dieu, ayant subi leur peine pendant une durée plus ou moins longue, rentreraient en grâce près de Dieu et entreraient enfin justifiés dans le Ciel.

Cette utopie est aussi opposée à la raison qu'à la foi.

En effet pour que Dieu les acquittât et que le pardon descendît sur eux, il faudrait le repentir. Car un pardon qui serait accordé sans repentir, ne serait qu'impunité et injustice. Or le repentir est impossible aux damnés, puisque l'épreuve une fois finie, ils n'ont plus ni grâce ni libre arbitre.

Ils ont bien un certain regret de leurs fautes; mais ce regret n'a rien de commun avec le repentir ; car il provient de l'égoïsme : ce qu'ils détestent ce n'est pas le mal, mais la douleur et le châtiment du mal.

Enfin cette hypothèse d'un « enfer à temps » sape par la base l'ordre moral en lui enlevant toute sanction sérieuse. Si en effet la conclusion du bien et celle du mal finissent par se confondre, il n'y a pas entre ces deux termes une si grande opposition qu'on veut bien le dire, et si les conclusions sont les mêmes, les principes ne sauraient être sensiblement différents.

Et qu'est-ce qu'un nombre déterminé d'années à passer dans l'enfer, si le bonheur du ciel doit un jour y mettre un terme ? Tout ce qui passe et finit, compte peu pour l'homme ; on connaît le trait de ce philosophe allemand qui aurait donné deux millions d'années de sa félicité éternelle pour pouvoir s'accorder certaine jouissance ! Voilà quel serait d'après les rêveurs du sentimentalisme l'équilibre de l'ordre moral.

Laissons les utopies et croyons à cet abîme infranchissable dont parle l'Evangile et que la justice de Dieu a creusé entre le ciel et l'enfer (1).

*
* *

« L'ENFER, SI NOUS L'ENTENDONS, C'EST LE PÉCHÉ. » Cette parole de Bossuet nous laisse entrevoir la

(1) *S. Luc*, XVI, 26.

convenance rationnelle de l'enseignement catholique
sur la nature des peines de l'enfer.

Car Dieu, justice souveraine et infaillible proportionne la peine à la faute, comme l'effet à sa cause.

Or, le péché, comme toute espèce de mouvement
matériel ou moral, a en quelque sorte deux termes :
la volonté qui le commet repousse Dieu et lui subs-
titue un bien périssable.

La peine devra donc refléter ce double caractère,
car elle est, dit S. Augustin, « l'ordre du crime. »
De là la nécessité d'une peine appelée par les théologiens la « *peine du sens,* » et dont la raison philosophique aperçoit sans peine la parfaite raison
d'être.

Il faut en effet que tout dans la création concoure à
l'harmonie de l'ordre général, même en enfer. Or cet
ordre a été troublé par le mal ; la création matérielle qui devait servir à l'homme pour atteindre sa
fin a été violemment détournée de sa destination
naturelle. L'ordre exige qu'elle se redresse en quelque sorte contre son bourreau, et que tous les êtres
se vengent de son injuste tyrannie.

Et si cela est impossible, l'un d'eux accomplira
pour tous cette providentielle mission : c'est le feu,
cette puissance mystérieuse, cette force universelle
qui agit partout et se cache dans tous les mouve-
ments de la matière.

Sur la nature de ce « feu inextinguible » de l'enfer, le philosophe et le croyant ne peuvent que ré-
péter le mot de saint Augustin : « Quel sera ce feu ?
Je crois que personne ne le sait, si l'Esprit divin ne
le lui révèle (1). »

D'après quelques auteurs, il ne s'agirait que d'un

____

(1) *Cité de Dieu,* liv. XXI. 13.

feu métaphorique ; ce serait simplement une saisissante image des horribles tourments de l'enfer
Mais l'Eglise a formellement réprouvé cette opinion
et la raison qui envisage le feu de l'enfer comme
une conséquence logique et une suite naturelle du
péché, souscrit sans peine à cette condamnation (1).

De plus ce feu, dit l'Evangile, est éternel, il ne
s'éteindra jamais ; comme le sel conserve la viande,
il conservera les malheureux livrés à la vengeance.
« De même que l'herbe des champs toujours tondue
par la dent brutale des animaux qui la dévorent,
revit sans cesse, de même le damné (2). »

Enfin, pour compléter cette lugubre description,
mentionnons encore des ténèbres épaisses et profondes, (Ps. XLVIII, 20), une soif ardente, (S. Luc,
XVI, 24), des larmes intarissables, (S. Mat. XXII,
13), et enfin le ver qui ne meurt pas et qui n'est
autre que le remords et le désespoir. (S. Marc,
IX, 43).

Mais ce ne sont là que les moindres peines de l'enfer ; la plus grande, dit la théologie catholique, est
la «*peine du dam.*»

Nous avons vu que l'esprit et le cœur de l'homme
sont orientés naturellement vers l'infini. Un moment il a pu être séduit par le mirage des biens
périssables. Mais l'épreuve une fois finie, et le voile
tombé, la nature reprend son mouvement impé-
tueux. Au moment où elle devrait toucher au terme
de son évolution, Dieu la repousse. Suspendue entre
le bien suprême qui lui échappe, et les biens finis
que la mort lui a enlevés, elle s'agite éternellement

____

(1) Décision de la S. Pénitencerie, 30 avril 1890.
(2) Louis de Grenade. *Mémorial de la vie chrétienne.*

dans le vide, écartelée à deux mondes, suivant le mot de Pascal...

Et cette contradiction entre l'état présent de l'homme et sa destination première, ce renversement de toute sa nature faite pour le bonheur dont elle se voit éternellement frustrée, sont pour elle un indicible tourment dont le génie de saint Augustin se reconnaît incapable de donner une idée : « Etre séparé de Dieu, dit-il, est une peine aussi grande que Dieu est grand (1). »

Devant cette considération, la question que se posent certains auteurs sur la mitigation plus ou moins probable des peines secondaires de l'enfer, n'a qu'une minime importance ; car selon la remarque de saint Jean Chrysostome, « que sont les peines accessoires, puisque le ciel est à jamais perdu ? »

Pouvons-nous mieux conclure que par ce mot de Leibnitz : « Dieu qui nous a révélé tout ce qu'il faut pour craindre le plus grand des malheurs, ne nous a pas révélé tout ce qu'il faut pour l'entendre. »

_____

(1) *Cité de Dieu*, liv. II, c. IV.

L'AU DELA ET LA RÉCOMPENSE.

Il peut arriver qu'au terme de l'épreuve, l'âme, sans avoir complètement apostasié la vertu, ne soit pas assez pure pour entrer en jouissance du souverain bien.

De là la nécessité du purgatoire, dogme si rationnel et si consolant que la foi catholique propose à notre croyance, mais dont on trouve une ébauche chez les Egyptiens et les Perses et une idée assez juste dans les ouvrages de Platon et de Virgile (1).

Mais le purgatoire n'est qu'un lieu de passage ; l'âme doit, après le travail purificateur de l'épreuve, aboutir à un état stable où elle se repose dans l'harmonie plénière de ses perfections et que dans le langage philosophique on appelle la *fin de l'être*.

Quelle est cette fin et quel est le sens de la vie humaine ?

Saint Thomas répond en un mot sublime : « La créature raisonnable ne peut trouver sa dernière perfection que là d'où elle tient le principe de son être ; car il n'y a de perfection pour l'être quel qu'il soit qu'en tant qu'il est uni à son principe (2). »

Mais l'homme peut aller à Dieu par différentes voies et s'unir à lui de différentes manières.

La seule béatitude que la raison puisse lui pro-

(1) *Gorgias*, LXXXI ; *Enéide*, liv. 6.
(2) *Somme théologique*. 1. p. q. 12, a. 1.

mettre est une béatitude proportionnée à ses facultés
naturelles, c'est-à-dire une vue plus claire de Dieu
à travers les choses créées, un prolongement de nos
connaissances actuelles qui puisse satisfaire les aspirations de notre âme.

En bonne logique on ne peut aller plus loin. Qu'il
y ait une béatitude supérieure et transcendante,
en rapport avec des facultés élevées à un état surnaturel, la raison ne peut par elle-même ni contester la possibilité du fait, ni en démontrer la nécessité.

Quand donc, au nom de la philosophie, des rationalistes comme M. Jules Simon, prétendent savoir
que la fin de l'homme est, « de voir Dieu éternellement et tel qu'il est, et de l'aimer de tout son cœur
pendant toute l'éternité (1), » ils étendent arbitrai-
rement le domaine de la raison et les exigences de
la nature humaine, et confondent à tort l'ordre
naturel et son légitime développement avec l'ordre
surnaturel.

La philosophie ne conduit son disciple que jusqu'aux frontières de l'ordre naturel, et le confie à
un guide plus sûr, qui, loin de lui imposer l'abdica-
tion des droits de sa raison, lui en réclame le plus
fécond exercice pour marcher à sa suite, dans une
voie de plus en plus lumineuse, à la conquête d'un
monde nouveau.

Le paganisme avait appelé de ses vœux et pres-
senti une intervention divine dans la solution du
problème de nos destinées. Socrate est dans la vague attente de Celui que l'Ecriture appelle *expecta-
tio gentium*, et les paroles de Platon sont trop con-
nues pour que nous insistions : « Il faut prendre

_____

(1) *Religion naturelle*, p. 310.

l'enseignement humain le meilleur, y monter comme sur un esquif, et traverser ainsi, non sans dangers, le fleuve de la vie, à moins qu'on ne puisse exécuter la même traversée plus sûrement sur un navire plus solide, c'est-à-dire sur quelque enseignement divin (1). »

Le Maître après lequel soupirait le « divin Platon » est venu, et le monde de l'au delà sur lequel la raison ne jetait que de trop faibles lueurs, s'est éclairé tout à coup à la lumière tombée de la croix.

Ce Maître, c'est Jésus-Christ, fils de Dieu ; «jamais homme ne parla comme lui.»

*
* *

Il y a du vrai dans cette boutade de Luther : « L'esprit humain est comme un homme ivre à cheval : relevez-le d'un côté, il retombe de l'autre. »

La vérité se trouve généralement entre deux excès opposés, et, dans la question qui nous occupe, entre les rêveries de l'idéalisme et les débordements du sensualisme.

Mahomet propose à ses sectateurs un paradis sensuel, bien capitonné et pourvu de tout le confort possible.

Platon est monté plus haut ; pour lui le bonheur du ciel est le fruit de l'activité de l'esprit et de la jouissance du bien absolu; mais ce vrai et ce bien absolu, étant un idéal distinct de Dieu, est quelque chose d'inintelligible.

Pour M. Renan que L. Veuillot appelle si justement « le rongeur de l'Evangile, » la béatitude con-

(1) *Phédon*, XXXV.

siste dans le « culte de l'idéal, » puisque son dieu est « la catégorie de l'idéal (1). »

M. Vacherot estime que « le ciel véritable est dans l'esprit, la pensée, la conscience humaine, miroir sublime où la vie universelle se transfigure en se réfléchissant (2). »

La définition catholique de la béatitude céleste a été donnée par le Concile de Florence : *Intueri clare ipsum Deum trinum et unum sicuti est.*

Quoi de plus simple et de plus sublime ? Nos facultés sont invinciblement attirées vers un terme mystérieux et parfait. Cet idéal qu'elles poursuivent recule jusqu'à l'infini qui seul peut les satisfaire. Et comme l'infini c'est Dieu seul, la béatitude consiste à le posséder « tel qu'il est. »

Ici-bas nous n'assistons qu'à des apparitions lointaines de Dieu, *divinitatis fulgurationes*, comme dit Leibnitz ; il est caché derrière un nuage du sein duquel il nous parle dans le langage énigmatique de la foi, *in ænigmate*, et se manifeste par les créatures qui le reflètent, *per speculum*. Là haut, au contraire, nous le verrons sans distance et sans voile, « face à face ; » nous pénétrerons le fond caché de son être, les mystères de sa vie intime et la féconde harmonie de son indissoluble unité dans l'adorable Trinité des personnes.

Ici-bas la vérité ne nous arrive que morcelée par nos étroites conceptions, et le génie le plus vaste suffit à peine à explorer un coin de l'univers et à en bégayer péniblement les mystères. Là haut nous contemplerons la vérité qui est la source de toute vérité, qui contient la raison éternelle des choses ;

---

(1) *Etudes d'histoire religieuse*, préface p. 17 et 419.

(2) *La Métaphysique et la Science*, T. II.

notre regard embrassera dans une puissante synthèse l'ensemble des êtres, depuis l'atome qui est à nos pieds jusqu'aux mondes qui sillonnent l'espace sidéral, la matière avec ses forces et ses lois, l'esprit et ses grandes manifestations, les desseins de la Providence sur les hommes et sur les peuples, le fini et l'infini dans leurs indéfinissables rapports.

Ici-bas enfin le cœur humain n'a que des jouissances incomplètes, rares, fugitives ; souvent «aimer c'est souffrir. » Là haut tous les biens rassemblés et personnifiés dans l'Absolu se communiqueront à l'âme et descendront sur elle « comme un torrent ; » l'abîme du cœur humain sera comblé jusqu'au bord, jusqu'au rassasiement complet, (Ps. XVI, 15), jusqu'à l'ivresse ! (Ps. XXXV, 9).

Si les créatures ont déjà pour nous tant de séductions, que sera-ce du Créateur ? Si les échos sont si harmonieux, que sera la voix ? Si le reflet est si beau, que sera le foyer ? Si nous tombons à genoux devant cette apparition fugitive de l'Infini qu'on appelle le Sublime, quel sera notre ravissement devant sa radieuse manifestation aux premiers rayons du jour éternel ?

« J'ai vu Dieu en passant, disait Linné, et je suis demeuré muet d'admiration et d'étonnement. » Et un jour que S. Augustin toucha en quelque sorte l'Infini, comme il le dit lui-même, par une étreinte suprême de son génie et un bond soudain du cœur, il en reçut cette «blessure de la vérité et de l'amour» dont il ne se guérit jamais !

Que sera donc l'éternelle extase de l'esprit et du cœur dans cette « cité, » où Dieu est la lumière contemplée sans ombre, et l'amour embrassant dans un éternel transport les êtres prédestinés auxquels il

se donne et dont il essuie toutes les larmes?
(Apoc. XXI, 4).

Que l'humaine loquacité, dit le même S. Augustin, pose un doigt sur sa bouche et avoue «que l'œil
de l'homme n'a point vu, ni son oreille entendu, ni
son cœur senti monter en lui une félicité compara-
ble à celle que Dieu réserve à ceux qui l'aiment.»
(1e aux Cor. II, 9).

* *

Mais une difficulté se présente.

La lumière que Dieu habite, dit S. Paul, est
inaccessible. Entre l'infini et nos facultés, si grand
qu'on suppose leur développement naturel, il y a
une incommensurable disproportion. Comment, sera-
t-elle comblée?

S. Thomas donne une réponse lumineuse : Aucun
être, dit-il, n'est élevé à une condition qui dépasse
sa nature, à moins qu'il n'y soit préparé par une
disposition spéciale en rapport avec cette condition (1).

L'infini dépassant l'intelligence humaine, il faut
que pour l'atteindre, elle soit élevée à un état
surhumain.

C'est l'effet d'une qualité supérieure qui est une
participation de la lumière même de Dieu et que
les théologiens appellent la «lumière de gloire.»

C'est comme le sens du divin; on peut la compa-
rer à l'instrument qui élargit le champ d'action et
augmente la portée de l'œil, ou à une greffe divine
entée, dit S. Paul, sur le sauvageon de la nature
humaine, afin de lui faire produire des actes supé-
rieurs à sa condition naturelle.

(1) *Somme théologique*, 1. p. q. 12, a. 5.

En voyant Dieu, dit S. Jean, nous deviendrons semblables à lui : nous serons *déiformes* (1).

Il y a là un mystère, mais non une absurdité. « Si Dieu, dit excellemment le P. Monsabré, a créé une loi d'optique naturelle qui proportionne ce tout petit point de notre œil qu'on appelle la rétine, à de vastes étendues, je ne vois pas ce qui peut l'empêcher de créer une loi d'optique surnaturelle qui proportionne notre intelligence à l'infini (2). »

Il faut ajouter cependant que cette vision immédiate de Dieu n'est pas compréhensive, c'est-à-dire n'épuise pas l'infini. Comprendre en effet, c'est égaler ; seul l'infini peut pénétrer à fond l'infini. De même que la langue humaine est impuissante à définir Dieu, parce qu'il fait éclater le cadre de nos définitions, l'esprit humain est incapable de l'embrasser tout entier, parce qu'il est plus grand que nos pensées.

*
* *

Il est clair que la prise de possession de l'infini par l'âme humaine ne ressemble en rien à l'immobilité ou à je ne sais quel sommeil voisin de l'anéantissement.

Cette conception fantaisiste de la vie future suppose que la jouissance est le fruit de l'inertie et que toute activité entraîne nécessairement la fatigue et la douleur.

Rien n'est plus faux ; en cette vie même le plaisir est la conséquence d'une activité bien réglée et nombre de philosophes enseignent avec Pascal que

(1) 1re Ep. de S. Jean, ch. III, v. 2.
(2) Exposition du dogme catholique. *Centième conférence.*

le vrai bonheur se trouve dans l'exercice de la pensée où l'âme goûte « d'ineffables consolations. »

Déjà Aristote avait compris que jouir pour Dieu,
c'est agir, et que penser est pour nous la suprême
jouissance (1).

L'activité est en effet essentielle à la vie, et la béatitude, loin d'être un arrêt de la vie, en est l'apogée
et l'épanouissement final.

Eh quoi ! si pour jouir du vrai et du bien impar-
faits, il faut une série d'opérations vitales, ne faudra-
t-il pas, pour contempler le vrai à sa source et dans
sa plénitude, déployer une merveilleuse activité ?

Le vrai Dieu n'est certes par une formule vide et
creuse, une conception abstraite, un de ces êtres de
raison « qui n'ont ni être ni raison ; » c'est un Etre
actif, personnel, vivant, ou plutôt c'est l'Acte pur et
la Vie elle-même se communiquant sans douleur et
sans effort à l'intelligence ravie.

Les anciens ne pouvaient se représenter un bonheur à la fois éternel et parfait, et ils concevaient la
vie future comme une réédition de la vie présente,
de ses accidents ordinaires et de ses passe-temps.

Ainsi Platon estime que chaque âme, habituée à
vivre au sein du changement, finira par se fatiguer
de la contemplation de la vérité et recommencera
tôt ou tard en ce monde une nouvelle existence.

Jean Reynaud craint aussi que les élus ne s'en-
nuient de ce bonheur uniforme et immuable qui
exclut la variété et le progrès.

Craintes chimériques !

Comme si les conditions de la vie présente et de
la vie future étaient identiques !

(1) *Métaphysique*, Liv. XII, ch. VII.

Sans doute le progrès est la loi de tout être qui n'a pas encore atteint le but de son existence.

Mais les habitants du ciel sont arrivés au terme, c'est-à-dire à leur perfection finale ; ils ne peuvent donc plus être soumis à la même loi que nous, à moins que l'homme ne soit condamné à courir toujours après un but qui n'existe pas et que sa fin soit de ne pas avoir de fin !

Sera-ce la variété qui fera défaut ? Non, car Dieu en qui la Trinité des personnes n'altère pas l'unité de nature, est en même temps le principe de l'unité des êtres et de la variété qui resplendit dans la création.

C'est cette beauté toujours ancienne et toujours nouvelle qui d'après la Tradition catholique interprétée par S. Irénée « ne cesse jamais d'instruire les bienheureux avides d'apprendre toujours et de puiser sans fin dans un trésor qui n'a pas de mesure. »

De sorte qu'ils vont, dit S. Paul, de révélation en révélation, *a claritate in claritatem.* (II Cor. III, 18).

De là cette joie que personne ne peut leur ravir, (S. Jean. XVI, 22,) et qui s'exprime par ce cri spontané du cœur : *toujours, toujours !* car « L'ÉTERNITÉ, dit Bossuet, EST DANS LA NATURE DE L'AMOUR. »

Comment d'ailleurs, au regard de la simple raison, les bienheureux jouiraient-ils de leur félicité, s'ils sentaient, toujours suspendue sur leur tête, la menace d'une catastrophe finale où elle sombrerait sans retour ?

*
* *

On a soulevé en ces derniers temps une question qui intéresse au plus haut point le cœur humain et le bonheur des élus : se reconnaîtront-ils au Ciel ?

Oui, répondent ensemble la raison et la foi.

Au ciel comme sur la terre, l'homme est essentiellement un être sociable ; puisqu'il garde dans la vie future son identité parfaite et la conscience de cette identité, il y conserve aussi ses affections légitimes de parenté et d'amitié.

Le « fleuve d'oubli » auquel les anciens faisaient boire les morts à l'entrée du « royaume des ombres » n'est qu'un rêve païen.

Le Ciel est au témoignage de la Sainte Ecriture un royaume et une cité, et donc une société ; or qu'est-ce qu'une société dont tous les membres s'ignorent (1) ?

D'ailleurs, dit S. Augustin, les élus seraient-ils moins aimants, parce qu'ils sont devenus meilleurs ?

Non, la grâce couronne la nature sans la mutiler, ni la détruire : nous pouvons conserver, vivante dans nos cœurs, l'espérance de l'éternel revoir.

Que si quelques-uns de ceux qui avaient des titres à cette affection, s'en sont rendus indignes, le bonheur des élus n'en sera pas troublé. Au ciel, dit S. Thomas, Dieu est la mesure des affections, et si en ce monde l'attrait d'une créature peut éteindre les affections les plus profondes, comment tous les regrets ne disparaîtraient-ils pas dans l'ineffable jouissance de la possession de l'Infini ?

La foi, prévenant nos désirs, ajoute que pour mettre le comble à cette joie, le corps, revêtu de qualités supérieures en rapport avec sa condition nouvelle sera associé à la félicité de l'âme, après l'avoir été à son épreuve.

Ce dogme de la résurrection des corps n'est pas plus

_____

(1) Mgr Méric : *Les élus se reconnaîtront au ciel.*

que les autres opposé à la raison : au sein du tourbillon vital qui emporte sans cesse les atomes de notre corps, c'est l'âme qui en fait l'unité et lui donne sa forme humaine : pourquoi ne pourrait-elle pas plus tard exercer de nouveau vis-à-vis d'une portion de cette même matière son influence formatrice (1) ?

Ainsi les élus se retrouveront tout entiers et dans une identité parfaite au seuil de l'éternité ; leur âme exercera toujours ses sublimes fonctions et leur corps resplendira d'une incorruptible beauté.

La foi et la raison semblent s'accorder aussi à dire qu'ils ne passeront pas l'éternité dans l'immobilité.

La terre, atome imperceptible perdu dans l'immensité, a été pour eux le lieu de l'épreuve, mais l'espace sidéral tout entier, peuplé à des distances incommensurables par une infinité de mondes semblables à notre soleil, sera le théâtre de leur éternel triomphe. (Sap. III, 7.)

Ainsi se déroulera la grandiose économie du plan divin dans lequel la création entière aboutit à l'homme.

Destinée incomparable à la description de laquelle Bossuet épuise son magnifique langage : « Une gloire plus solide que celle que les hommes admirent, une grandeur plus assurée que celle qui dépend de la fortune, une immortalité mieux établie que celle que nous promet l'histoire, et enfin une espérance mieux appuyée que celle dont le monde nous flatte, qui est celle de la félicité éternelle (2). »

____

(1) *Contra Gentes*, liv. IV, ch. LXXXI.
(2) Sermon sur l'*Honneur du monde*.

CONCLUSION.

Un auteur contemporain a écrit : « La civilisation, la société et les mœurs sont comme un chapelet dont le nœud est la croyance à l'immortalité de l'âme : ôtez le nœud, tout s'en va (1) ! »

Et le nœud ayant été ôté, tout s'en est allé ; que peut-on fonder de durable sur des *« qui sait ? »* et des *« peut-être ? »*

Aussi les trois questions qui se posaient à l'esprit de Kant sont-elles plus que jamais à l'ordre du jour : « Qui suis-je ? Que dois-je faire ? Que puis-je espérer ? »

Et au sein de l'anarchie philosophique, par delà les débris de systèmes qui obscurcissent l'horizon du XXᵉ siècle, l'idéal chrétien brille comme un lever de jour après les ténèbres de la nuit.

Les âmes droites se tournent vers « l'idée religieuse, » vers cette lumière pleine d'amour que chantait le poète de la vie future :

Luce intellettual piena d'amore (2).

On revient aux deux vérités fondamentales que Robespierre lui-même faisait voter par acclamation le 7 Mai 1794 : « Le peuple français reconnaît l'existence de l'Etre suprême et l'immortalité de l'âme. »

(1) Louis Figuier : le *Lendemain de la mort* ; préf. p. X.
(2) Dante : *Paradiso*, XXX, 13.

Déjà même des esprits éminents ne se contentent plus de regarder du dehors la religion catholique ; ils en entr'ouvrent timidement la porte, non encore pour y entrer, mais pour admirer la puissante architecture de nos dogmes.

Unanimes à voir dans les idées chrétiennes la source la plus pure du beau, il est permis d'espérer qu'ils en viendront à les reconnaître encore comme le principe du bien et le fondement nécessaire de la morale privée et publique.

Puisse ce mouvement de retour devenir chaque jour plus large et plus fécond, et ramener les égarés à la saine philosophie et à la vraie religion !

Elles leur apprendront de concert à marcher dans la vie à la lumière de l'idéal chrétien et à entrer le crucifix à la main dans l'éternité !

TABLE DES MATIÈRES.

Cîteaux. — Imp. Guillermin.